Por uma ética
queer

Por uma ética *queer*
Luisa Amaral

© Luisa Amaral, 2023
© n-1 edições, 2023
ISBN 978-65-81097-73-8

Embora adote a maioria dos usos editoriais do âmbito brasileiro, a n-1 edições não segue necessariamente as convenções das instituições normativas, pois considera a edição um trabalho de criação que deve interagir com a pluralidade de linguagens e a especificidade de cada obra publicada.

COORDENAÇÃO EDITORIAL Peter Pál Pelbart e Ricardo Muniz Fernandes
DIREÇÃO DE ARTE Ricardo Muniz Fernandes
ASSISTÊNCIA EDITORIAL Inês Mendonça
GESTÃO EDITORIAL Gabriel de Godoy
PREPARAÇÃO Fernanda Mello
REVISÃO Gabriel Rath Kolyniak
EDIÇÃO EM LaTeX Paulo Henrique Pompermaier
FOTO DE CAPA Gabriela Luz | MODELO Sarita Themonia
CAPA Gabriel de Godoy

A reprodução parcial deste livro sem fins lucrativos, para uso privado ou coletivo, em qualquer meio impresso ou eletrônico, está autorizada, desde que citada a fonte. Se for necessária a reprodução na íntegra, solicita-se entrar em contato com os editores.

1ª edição | Agosto, 2023
n-1edicoes.org

Por uma ética queer

Luisa Amaral

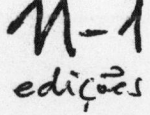

Sumário

Introdução 7
   Compreendendo o contexto das teorias e mobilizações *queers* 11
   Esboços de uma ética *queer* 21

A (des)construção do sujeito *queer* 33
   Michel Foucault e a História da Sexualidade 34
   Judith Butler e a performatividade de gênero 50

Elaborando as teorias *queers* 73
   Preciado e a biopolítica na era farmacopornográfica 74
   Teorias *queer* e as lutas trans: diálogos, divergências e convergências ... 86

Confrontando a ordem colonial 109
   A emergência do *queer of color* 110
   Colonialismo e colonialidade: a gênese da Modernidade 126
   A virada decolonial e os trânsitos do *queer* pela América Latina 150

O *queer* contra a assimilação 185
   A crítica *queer* ao ativismo assimilacionista 185
   A virada antissocial e a potência da negação 200

Considerações finais 223

Referências 225

Introdução

No final dos anos 1980 e início dos anos 1990, a palavra *queer* surgiu na política e no meio acadêmico estadunidense com força, passando a adquirir diversos sentidos e significados à medida que seu uso se espalhou mundo afora e foi reapropriado em diferentes contextos.

Originalmente, *queer* significava aquilo que é estranho, curioso, anormal, ou mesmo questionável, suspeito. O termo passou a ser associado à homossexualidade por volta do fim do séc. XIX, começo do séc. XX, especialmente no contexto inglês e estadunidense, sendo usado como termo pejorativo contra a população lgbt+ e, posteriormente, reapropriado como bandeira de luta por ativistas e depois acadêmicos. Assim, a palavra *"queer"*, no sentido em que é usada quando falamos em teoria *queer* ou no ativismo *queer*, vem da apropriação de um insulto e de sua mobilização no contexto de diferentes lutas políticas.

Para o filósofo italiano Lorenzo Bernini, *"queer"* é um termo ambíguo e instável que transfere essa instabilidade para outros termos quando usado como adjetivo.[1] Serve então para estranhar, desestabilizar e questionar aquilo que descreve – o que é especialmente verdadeiro quando falamos de uma "teoria *queer*".

Já Lucy Nicholas afirma que a teoria *queer* desafia as práticas e normas excludentes da heteronormatividade ao mesmo tempo em que critica as estratégias de ativistas lgbt+ que buscam aceitação e assimilação dentro da sociedade, em vez de confrontá-la.[2]

1. Bernini, 2021, p. 26.
2. Nicholas, 2014, p. 5.

Esse projeto envolve também confrontar a ideia de que a identidade é produto de uma essência inata (essencialismo) e criticar os diferentes binários que estruturam as identidades e produzem hierarquias entre elas.

Entre esses binários em oposição estão as divisões entre heterossexual-homossexual, macho-fêmea e homem-mulher, amplamente criticadas por autores *queer*. A teoria *queer* também elaborou críticas a binários como natureza-cultura, civilizado-primitivo e humano-animal, dentre outros.

A crítica à identidade desenvolvida pela teoria *queer* procura apontar e compreender *como* as categorias de identidade através das quais nos entendemos e organizamos nossas lutas e mobilizações são socialmente produzidas; quais são os mecanismos e normas que as produzem e sustentam; e como, quando olhamos para elas mais de perto, surgem lacunas e contradições que põem em questão a sua suposta coerência.

Portanto, o objetivo da teoria *queer* é lidar com o desafio de desestabilizar essas normas e discursos e desenvolver outras epistemologias e relações que não reproduzam essas hierarquias e oposições, tampouco as diversas formas de violência que elas geram.

É importante apontar que, apesar do nome, aquilo que chamamos de "teoria *queer*" não constitui uma teoria ou um programa político, envolvendo diversas abordagens e elaborações teóricas. Assim, com Bernini, usarei nesse sentido o termo "teorias *queers*" para dar conta da heterogeneidade do campo. Ao longo deste livro, alternarei entre o uso desse termo e do termo "teoria *queer*" para me referir à produção teórica *queer*. No entanto, se essa produção é um campo heterogêneo, não significa que não haja pontos de referência. O que caracteriza as teorias *queers* é uma série de temas e problemáticas expressados pelo termo *queer*, assim como um *ethos* que vou elaborar mais adiante e um compromisso político, ou antipolítico (e jamais apolítico), no caso de algumas tendências. Entre esses temas estão as lutas feministas e de dissidências de sexo e gênero, a crítica à cis-heteronormatividade e ao binário de gênero e uma análise dos processos de subjetivação que produzem as identidades de maneira geral, de sexo e gênero em particular. Outro tema importante é a crítica aos limites do ativismo lgbt+ reformista e assimilacionista.

É importante também apontar que, embora este livro tenha como foco a produção teórica *queer* no meio acadêmico, não é apenas na academia que essa produção é encontrada. Para Bernini, as teorias *queers* "são também, e acima de tudo, formas de conhecimento ativista que foram desenvolvidas por pessoas diretamente envolvidas nas políticas de sexualidade, cujos principais interlocutores foram os movimentos políticos de minorias sexuais".[3] Não há, portanto, teorias *queers* sem movimentos *queers*.

A própria escolha do termo *queer* é politicamente motivada e reflete esse compromisso. Estamos falando, afinal de contas, da reapropriação de um termo pejorativo e da sua mobilização em um contexto de luta. Seu uso envolve uma provocação que deixa explícita a violência que marca a organização dos corpos pelas normas de sexo e gênero.

Ao revelar as relações de poder envolvidas nas identidades e nas normas que as sustentam, o *queer* representa, então, uma posição a partir da qual a margem critica o centro e as normas que produzem essas identidades e hierarquias.

A partir desse *ethos* capturado no termo *queer*, a elaboração das teorias *queers* no meio acadêmico é, ela própria, um ato político, cujo objetivo é questionar e "estranhar" (*queerizar*) esses saberes e abrir a possibilidade de novas epistemologias, contradiscursos e relações. A produção *queer* serve como uma interpelação aos saberes acadêmicos que desafiam a sua autoridade e põe em xeque os regimes de normatividade que eles reproduzem.

3. Bernini, 2021, p. 99, tradução minha.

A partir dessa relação, surge a questão central que busco responder aqui: quais são as considerações éticas que guiam a elaboração das teorias *queers*? É possível falar em uma "ética *queer*"? Se é esse o caso, em que ela consistiria e como ela se relaciona com tais elaborações? Essas são as perguntas que pretendo responder ao longo deste livro.

Gostaria de esclarecer que meu interesse pelo tema vem em grande parte da minha perspectiva como travesti. Essa perspectiva e minha trajetória foram responsáveis pelo meu olhar ter se virado para as relações entre as subjetividades e mobilizações trans e a teoria *queer*.

Meus questionamentos sobre meu gênero, a busca por entender meu desconforto com aquilo que me foi imposto ao nascer e minhas experiências de vida como uma dissidente de gênero me impulsionaram a procurar por perspectivas *queer*, e, após um contato inicial, a me aprofundar em leituras, diálogos e experimentações.

Se escrevo em diálogo com uma produção acadêmica, vale ressaltar que as primeiras perspectivas *queers* com as quais tive contato não vieram da academia, e sim de meus encontros com pessoas, grupos, coletivos, blogues, revistas e zines, especialmente aqueles ligados ao anarquismo. Desde então, passaram-se alguns anos até que eu tivesse algum contato significativo com produções *queers* acadêmicas, embora já fosse familiarizada com alguns nomes e conceitos. Foram esses encontros que, mais tarde, me motivariam a me aprofundar e mergulhar na produção acadêmica para procurar por respostas (e perguntas) ou caminhos que dessem conta de minhas inquietações, e esse mergulho me trouxe a este livro.

Compreendendo o contexto das teorias e mobilizações *queers*

Antes de esboçar uma ética *queer*, é preciso compreender o contexto da mobilização do termo entre ativistas e autores *queers*. Um ponto de partida é o seu uso durante as mobilizações nos Estados Unidos, em resposta à crise da aids, no final da década de 1980. A crise teve um efeito devastador sobre a população lgbt+, especialmente sobre homens gays e mulheres trans (principalmente as trabalhadoras sexuais) atingidos pela epidemia. Outra consequência foi a renovação do estigma contra essas populações, que estava em queda como resultado de lutas sociais.

Apesar de o vírus ameaçar pessoas de qualquer sexualidade, ele foi fortemente associado à homossexualidade. Tanto a mídia quanto os setores mais conservadores falavam em uma "praga gay" e até em uma "imunodeficiência associada à homossexualidade" [*Gay-Related Immune Deficiency*] – um dos primeiros termos usados para se referir à doença. Enquanto isso, líderes religiosos alegavam que a doença era uma punição a essas populações pelos seus pecados e, assim, uma nova justificativa foi encontrada para reafirmar e recrudescer a discriminação contra a comunidade lgbt+.

Em contraste com contextos como o brasileiro, no qual o movimento lgbt+ conseguiu se articular com o Estado e a academia para desenvolver uma resposta institucional à crise, houve nos Estados Unidos uma recusa por parte do governo, então sob a presidência do conservador Ronald Reagan, em desenvolver políticas públicas que lidassem com a "epidemia", deixando aqueles afetados por ela abandonados pelo Estado e marcados por um estigma social enquanto adoeciam e morriam aos milhares.

Foi nesse contexto que surgiram grupos ativistas como o Act Up e o Queer Nation, ambos conhecidos por utilizarem táticas de ação direta com o objetivo de melhorar as condições de vida de pessoas com aids e buscar tratamentos e mudanças na legislação, além do desenvolvimento de políticas públicas. Essas organizações eram caracterizadas por um ativismo baseado em coalizões, em vez de organizarem-se em torno de identidades discretas, e foram responsáveis também por popularizar o termo *queer* no campo da política – ao usá-lo como grito de guerra nessa política de coalizões que procurava lidar com os efeitos devastadores da proliferação da aids.[4]

Além de buscar uma forma de enfrentar a crise, esses grupos agiam com o objetivo de combater o estigma contra setores marginalizados, em particular a população lgbt+. Entre as ações desenvolvidas por eles, estavam campanhas de conscientização midiáticas e artísticas, arrecadações de fundos para casas de acolhimento e patrulhas de rua criadas para enfrentar diretamente a violência lgbtfóbica.

No entanto, ao invés de procurarem se colocar como respeitáveis, esses ativistas se apresentavam como "sujeitos desviantes, barulhentos e problemáticos, como aquelas bixas e sapatas que, com seus estilos de vida e práticas sexuais, provocavam nojo, especialmente entre os cidadãos de direita".[5] Eles adotavam uma postura de confronto que contrastava com o ativismo assimilacionista que, na época, se tornava cada vez mais comum.

A atuação desses grupos foi marcada também por debates em torno da identidade, questionando a noção de que a mobilização política em torno de identidades estáveis e fixas seria a melhor forma de lutar por mudanças sociais. O que entrava em jogo, então, eram mobilizações políticas marcadas pela construção de

---

4. McCann e Monaghan, 2020, p. 2.
5. Bernini, 2021, p. 106, tradução minha.

uma base identitária mais aberta e flexível, com a reapropriação e a subversão de símbolos da cultura dominante também amplamente utilizadas nessas lutas.

Dessa forma, assim como ativistas *queers* ressignificaram um insulto e o transformaram em uma bandeira de luta, eles se apropriaram de elementos da cultura cis-heteronormativa e lhes deram outros sentidos em suas lutas, muitas vezes na forma de paródias e performances. Naquele momento, parte da comunidade lgbt+ criticava o foco cada vez maior de ativistas na assimilação dentro do capitalismo neoliberal – que se torna problemática ao deixar a ordem social intacta e excluir do processo os elementos menos assimiláveis. O ativismo *queer* que surgia se alinhava com essas críticas e rejeitava a assimilação na sociedade dominante.

O ativismo assimilacionista, que tomou grandes proporções a partir da década de 1970, tem sido liderado por lésbicas, gays e bissexuais brancos de classe média alta e pautado por seus interesses, sendo altamente focado em conquistas institucionais, como a legalização do casamento entre pessoas do mesmo sexo e a criminalização da lgbtfobia, e completamente desvinculado de qualquer tipo de política e pauta radical. Ele também é marcado por uma "onguização" dos movimentos sociais, pois há um aumento na quantidade de organizações estruturadas dedicadas ao *lobby* político e afastadas da ação direta

Essa política de integração também foi marcada pela aparição de um discurso cada vez mais centrado e conservador, focado na "respeitabilidade gay" e criticando condutas sexuais e políticas consideradas "anormais".[6] Os movimentos sociais que mobilizaram tais críticas buscavam apontar os limites desse ativismo e promover uma política de enfrentamento aos regimes normativos.[7] Apontavam que questionar e enfrentar esses regimes e

---

6. Saez, 2007, p. 72.
7. Garcia, 2007, p. 45.

suas exclusões era um caminho mais produtivo do que buscar a assimilação de certas identidades no interior dessa normalidade, pois a perspectiva assimilacionista nada faz para combater as exclusões produzidas pelos regimes de normalidade, pelo próprio modelo de organização social vigente e pelas instituições que o mantêm. A rejeição dessa política de integração seria elaborada pelas teorias e lutas *queers*.

Os debates sobre a questão da identidade e do sujeito político que marcaram esses movimentos foram também influenciados por discussões acadêmicas que desafiavam e problematizavam a noção de identidade estável, especialmente em círculos pós-estruturalistas, feministas e pós-coloniais.[8]

Aqui, vale abordar e compreender os debates que ocorreram nos círculos feministas ativistas e acadêmicos – que foram um dos principais componentes da constituição das teorias *queers* – a fim de contextualizar algumas discussões que serão levantadas adiante.

Esses debates surgiram com força no chamado Movimento das Mulheres, na década de 1960, período frequentemente referido como a "Segunda Onda Feminista" dentro de uma genealogia do feminismo hegemônico e eurocêntrico. Feministas dessa época e contexto viam a necessidade de repensar e teorizar a opressão da mulher, e, para isso, foi necessário repensar o que é ser mulher. Assim, muitas pensadoras buscavam novas formas de conceitualizar a mulher a partir de pontos de vista femininos, levando em conta que anteriormente ela havia sido teorizada, majoritariamente, por meio do olhar dos homens.

A teórica feminista Linda Alcoff elabora as consequências dessa conceitualizações ao afirmar que, "Seja ela construída como essencialmente imoral e irracional (à la Schopenhauer) ou essencialmente gentil e benevolente (à la Kant), ela é sempre construída como algo essencial, inevitavelmente acessível por homens

---

8. Jagose, 1996, p. 96.

pela apreensão intuitiva direta".[9] A partir dessas perspectivas, a mulher é sempre um objeto a ser analisado e apreendido pelo homem (cis, heterossexual e branco), o sujeito iluminista possuidor de livre-arbítrio e racionalidade.

Surge aí a necessidade de teorizar a condição da mulher de forma a não colocá-la em uma posição subalternizada em relação ao homem e de modo que não parta de um olhar masculino. O processo dessa teorização envolveu intensos debates, e as noções elaboradas por feministas brancas e de classe média, dominantes nos movimentos feministas, tiveram que se entender com as críticas de feministas lésbicas, negras e *chicanas*, entre outras, que evidenciaram as dificuldades em teorizar a mulher de forma universal e explicitaram as exclusões geradas por essas tentativas. Assim, todas as tentativas de teorizar a condição da mulher de uma perspectiva universal se depararam com críticas vindas se mulheres que não se viam contempladas nas elaborações.

Esse processo envolveu não apenas pensar nas diferentes formas de ser mulher em diferentes contextos, mas também criticar elaborações que, ao privilegiar o papel do gênero em moldar a realidade das mulheres, terminavam por ignorar fatores importantes, como raça, classe, sexualidade, localização geográfica e a interação entre eles. Essas críticas apontavam como as questões levantadas e os objetivos colocados como prioridade da "luta das mulheres" terminavam por refletir os interesses das mulheres que procuravam elaborar essa unidade teórica e política. Assim, autoras como Audre Lorde, Barbara Smith, Gloria Anzaldúa e Cherríe Moraga apontavam para a necessidade de contemplar os diversos fatores que moldam a realidade das mulheres e as suas experiências.

---

9. Alcoff, 1988, p. 406, tradução minha.

O que surgia nesses debates era a necessidade de historicizar e contextualizar a realidade das *diferentes* mulheres, e de elaborar conceitos teóricos, estratégias políticas e alianças concretas que levassem em consideração *essas* diferenças.

As tentativas de pensar na "mulher" como uma identidade fixa, estável e a-histórica – e como uma classe com interesses comuns independentemente de qualquer contexto – se tornaram um obstáculo ao desafio apresentado pela diversidade de suas realidades, vivências e experiências. Foi um momento em que as feministas buscaram formas de lidar com as diferenças de poder, classe, localização, privilégio e raça entre as mulheres. Como resultado, visando abarcar essa complexidade e possibilitar a elaboração de teorias mais capazes de contemplá-la, surgiram relatos "*Contra e apesar da* construção hegemônica dentro do feminismo da política como uma atividade na qual só um sujeito estável pode se engajar".[10]

Os relatos de que Lloyd fala foram em grande parte influenciados por noções pós-estruturalistas, associadas ao que frequentemente é referido como uma "virada pós-estruturalista" ou "pós-moderna" da filosofia. Essas noções questionaram e desestabilizaram a ideia iluminista de um sujeito estável e coerente e apresentaram elaborações de sujeitos como processos em constante construção. A confluência dessa problematização do sujeito com os debates feministas citados foi então um dos motores do surgimento das teorias *queers*.

Aqui, é preciso problematizar o termo pós-estruturalismo, muito usado para referir as elaborações de uma série de autores desenvolvidas a partir dos anos 1960-1970 e elaborações posteriores influenciadas por elas. Entre esses autores, estão Jacques Derrida, Michel Foucault e Gilles Deleuze; autores que nunca consti-

---

10. Lloyd, 2005, p. 6, tradução minha.

tuíram um movimento, embora muitos tenham dialogado entre si. A maior parte deles rejeitou essa denominação, também rejeitada por muitos teóricos por ser considerada genérica demais.

Apesar disso, o termo continua sendo usado por inúmeros pensadores, incluindo algumas referências utilizadas por mim neste livro. De qualquer forma, as problematizações do sujeito e da identidade elaboradas por diversos autores assim rotulados foram importantes para o desenvolvimento das teorias *queers*, ao intervirem em debates que ocorriam em círculos feministas e lgbt+.

Mais tarde, aliás, ao falar sobre a teoria *queer*, Annamarie Jagose afirmaria que a crítica à política identitária, surgida dentro e fora de círculos gays e lésbicos, foi elaborada não apenas porque a reificação de uma identidade única foi percebida como algo excludente, mas também porque, para o "pós-estruturalismo", a identidade coerente, permanente e estável é uma ficção política.[11]

Feministas pós-estruturalistas criticaram aquelas feministas que procuravam elaborar uma definição universal e a-histórica da mulher (principalmente as conhecidas como "feministas culturais") por não questionarem um mecanismo fundamental do sexismo, que é "é a construção do sujeito por um discurso que tece o conhecimento e o poder em uma estrutura coercitiva", que o prende a uma identidade.[12]

Ou seja, a tentativa de criar uma definição estável e universal para o sujeito "mulher" ignora que a própria formação desse sujeito é um efeito de poder, e que a naturalização dessa identidade é um dos principais mecanismos de opressão de gênero. Mesmo quando elaborada por feministas, essa definição ainda pode operar de forma que gera exclusões e regula o comportamento das mulheres.

---

11. Jagose, 1996, p. 82.
12. Alcoff, 1988, p. 415, tradução minha.

O primeiro problema em tentar elaborar uma definição fixa, universal e estável do que é ser mulher é que só é possível fazê-lo valendo-se das referências culturais existentes – que existem apenas dentro de um contexto sócio-histórico.

Além disso, as feministas que buscavam definir a mulher o estariam fazendo a partir das próprias perspectivas e noções teóricas, e, nesse caso, surgiria a pergunta: Não seria um ato autoritário formar uma definição, a partir de noções particulares, que deve se aplicar a todas as mulheres do mundo, quando suas experiências e vivências são tão diversas e determinadas pelas mais variadas especificidades? E não seria essa definição excludente para aquelas que nela não se encaixam? Por exemplo, definições baseadas puramente na biologia excluem mulheres trans e com frequência mulheres intersexo ou outras que não possuem determinadas características corporais; assim como definições baseadas nas experiências de mulheres brancas excluem as experiências de mulheres negras, indígenas e asiáticas, entre outras. E noções que se pretendem descritivas muitas vezes se tornam normativas e prescritivas, contribuindo para a regulação de subjetividades. Afinal, a partir do momento em que se definem mulheres e a sua natureza, é esperado que se encaixem nessas noções.

Esse problema surgiu quando algumas teóricas feministas procuraram elaborar a noção de uma essência feminina universal que estaria sendo reprimida pelo patriarcado e que deveria, através das lutas feministas, ser libertada desse patriarcado e da influência masculina. Essa perspectiva se encontra na obra de autoras como Janice Raymond e Mary Daly.

Embora tais noções tenham tido grande influência no feminismo, seu resultado foi um "fomento de expectativas não realistas sobre o comportamento feminino 'normal'" que grande parte das mulheres não pode nem quer satisfazer, o que acabou gerando uma reação por parte de feministas que discordavam dessas noções essencialistas.[13]

Esses debates em torno da identidade (principalmente da sexualidade e do gênero) por parte de ativistas e acadêmicos(as) feministas e/ou lgbt+ forneceram o contexto para o surgimento das teorias *queer* na academia e, por essa razão, pode-se dizer que elas são em grande parte um produto dos diálogos e disputas internos desses dois campos – e também entre eles. Assim como há pontos de disputa e interseção entre o feminismo e as lutas e estudos lgbt+, há pontos de disputa e interseção entre esses dois campos e as teorias *queer*.

A partir dessas lutas e debates acadêmicos, as teorias *queers* passaram a questionar os fundamentos da identidade sexual e de gênero, resistindo a categorias sexuais fixas e universais e, com o tempo, expandindo essa crítica para avançar em questões que vão muito além da sexualidade e do gênero e que abordarei mais à frente.[14]

No âmbito acadêmico, o termo "teoria *queer*" foi usado pela primeira vez em uma edição especial do periódico *Differences*, que já vinha sendo utilizado por alguns ativistas. Em 1991, a publicação reuniu os textos de uma conferência de fevereiro de 1990 na Universidade de Santa Cruz, na Califórnia, que contou com a participação da feminista italiana Teresa de Lauretis. Ela editou esse número do periódico e abriu sua coletânea com o ensaio "Teoria *queer*: sexualidades lésbicas e gays: uma introdução".[15]

Em razão de sua origem e de seu histórico, muitos situam a gênese do termo nesse contexto estadunidense-europeu, mas acho importante questionar a noção de que as teorias *queers* seriam um produto puramente euro-estadunidense e oferecer genealogias

---

13. Alcoff, 1988, p. 413, tradução minha.
14. McCann e Monaghan, 2020, p. 4.
15. Título original em inglês: "Queer Theory: Lesbian and Gay Sexualities: An Introduction".

alternativas, que contribuem para mostrar a heterogeneidade presente nas mobilizações do termo *queer* – que é e deve permanecer aberto e sujeito a disputas por seu significado e novas utilizações. Embora o termo e os primeiros autores a ele associados tenham de fato essa origem, debates semelhantes em torno da identidade, do essencialismo, do assimilacionismo das lutas lgbt+ e da crítica às epistemologias e normas dominantes ocorrem em diversos outros contextos pelo mundo – antes mesmo da chegada do que chamamos de "teoria *queer*" –, influenciando a sua recepção em diferentes meios. Nesse sentido, alinho-me com Leandro Colling quando afirma que a teoria *queer* não deve ser entendida como tendo uma única nacionalidade por ser "fruto de uma suruba de reflexões, ideias e ativismos de diferentes contextos e localidades".[16] Colling afirma ainda que, antes da teoria *queer* ser nomeada, já existia no Brasil um pensamento sintonizado com ela, que pode ser localizado tanto nas falas de militantes lgbt+ quanto na produção cultural brasileira que abordarei mais à frente.

Ele diz ainda que o livro *Cartografia sentimental*, da psicanalista Suely Rolnik (inicialmente uma tese de mestrado defendida em 1988), poderia ser considerado um "*Problema de gênero*" brasileiro, fazendo referência ao livro da filósofa estadunidense Judith Butler – um dos mais conhecidos trabalhos associados à teoria *queer*, sobre o qual falarei em breve.[17]

Já Douglas Crimp afirma que o livro de 1972, *O desejo homossexual*, do francês Guy Hocquenghem, pode ser encarado como o primeiro exemplo do que chamamos hoje de teoria *queer*. Vemos então que, quando buscamos pelos temas da teoria *queer* para além do que foi escrito sob este termo, emerge uma série de genealogias alternativas.

---

16. Colling, 2015a, p. 181.
17. Ibid.

Acredito que essas colocações são importantes para que possamos entender as teorias e mobilizações *queers* não apenas como algo que surgiu nos Estados Unidos e na Europa por volta do início dos anos 1990, mas também como uma série de problematizações em torno da identidade, da subjetividade e dos limites das políticas institucionais que vinham ocorrendo em contextos variados e passaram a constituir o cerne do que hoje chamamos teoria *queer*.

De qualquer forma, não estamos falando somente de um fenômeno acadêmico, mas também do produto de reflexões e debates que ocorreram em diálogo com diversas lutas por mudanças sociais. O próprio contexto histórico em que o termo *queer* passou a ser politizado pelo ativismo e pela academia demonstra essa conexão. Nesse sentido, é preciso ressaltar novamente que as teorias *queers* bebem de várias fontes, dentre as quais estão as lutas e teorias feministas e de dissidências de sexo e gênero. Não é possível, então, separar a produção acadêmica da teoria *queer* das lutas e questões políticas que deram origem a essas reflexões e com as quais elas dialogam. Argumento, inclusive, que a teoria *queer* produzida na academia mantém o seu valor na medida em que permanece próxima das diferentes lutas e mobilizações e de necessidades e prioridades concretas de subjetividades *queers*, assim como de suas questões e dilemas.

Esboços de uma ética *queer*

Tendo delimitado o que são as teorias *queer* e como emergem e operam, podemos retornar à questão da ética. A feminista *queer* Lynne Huffer nota que, embora autoras feministas tenham elaborado uma ampla produção teórica sobre ética, autores associados a teoria *queer* não têm mostrado tanto interesse em se engajar nessas questões.[18] Ela ainda observa que a maior parte

---

18. Huffer, 2013, p. 28.

dos teóricos *queer* que falam sobre ética tende a adotar abordagens continentais, que, influenciadas por Nietzsche, fazem uma distinção entre a ética e a moral e questionam os limites da moral normativa.[19] Como diz Mariana Barbosa, a noção de ética, derivada da via nitzscheana, "restaura a continuidade entre a vida e pensamento, tendo um duplo sentido: por um lado, a ética aparece no campo das condições para o pensamento, isto é, os modos de vida determinam os modos de pensamento; por outro, o pensamento cria uma ética".[20]

Dessa forma, a teoria *queer* de maneira geral não parece estar muito interessada em desenvolver qualquer tipo de ética normativa e universal, preferindo tratar a ética de forma situada. Vale trazer algumas considerações de Gilles Deleuze sobre o tema, inspiradas em grande parte pelo pensamento de Baruch Spinoza e Friedrich Nietzsche. Para ele, a ética pode ser pensada como uma "tipologia dos modos imanentes de existência" em contraste com a Moralidade, entendida como a existência de valores transcendentes. Assim, "a oposição de valores (Bem-Mal) é suplantada pela diferença qualitativa de modos de existência (bom-ruim)".[21]

Em vez de uma moral que julga a vida de fora e de acordo com os valores transcendentes do bem e do mal, temos uma ética imanente e situada que pensa em termos do que é bom e ruim para determinados corpos nos contextos em que se encontram. Nas palavras de Deleuze, "Todo objeto cuja relação está de acordo com a minha (*convenientia*) será chamado de bom; todo objeto cuja relação decompõe a minha, mesmo que esteja de acordo com outras relações, será chamado de ruim (*disconvenientia*)".[22] Nas suas relações com o mundo, um corpo pode se deparar com outro que lhe convém, que compõe com ele, de onde resulta um

19. Ibid., p. 29, tradução minha.
20. Barbosa, 2017, p. 868.
21. Deleuze, 1988, p. 23.
22. Ibid., p. 33, tradução minha.

aumento de potência e um efeito de alegria. Em contrapartida, quando um corpo tende a decompor outro, este vê sua potência diminuída e é tomado pelo que Deleuze chama de tristeza. Podemos, então, pensar em uma ética situada que busca promover bons encontros: uma ética da alegria. Isso implica uma arte dos encontros, uma avaliação, seleção e experimentação constantes.

Assim, a ética deleuziana é aquela de um corpo que experimenta e avalia, o que possibilita a criação de valores imanentes que afirmam e servem à vida e buscam a efetuação de sua potência. Nesse sentido, quando falo de uma ética *queer*, falo de uma ética que recusa qualquer pretensão de universalidade, tendo por objetivo a efetuação da potência das subjetividades e corpos *queer* nos diferentes contextos em que se encontram e nas lutas em que estão envolvidos.

Vale também trazer algumas reflexões de Giorgio Agamben, para quem o discurso sobre a ética deve partir da noção de que o ser humano "não é nem terá de ser ou de realizar nenhuma essência, nenhuma vocação histórica ou espiritual, nenhum destino biológico".[23] Se essa essência ou destino existissem de fato, não haveria nenhuma experiência ética possível, apenas deveres previamente definidos a serem realizados. A ética parte, então, da consideração de nossa existência não como destino ou objetivo predeterminado, mas como possibilidade ou potência a ser realizada.

A perspectiva ética que busco apresentar é também influenciada por elaborações feministas que procuram superar a dicotomia entre os modelos de ética deontológicos e utilitários. Enquanto o primeiro desses modelos destaca a aderência a princípios morais, o segundo tem por objetivo a maior felicidade coletiva, no entanto, ambos são focados no ponto de vista de escolhas individuais. Para Mimi Marinucci, feministas têm oferecido alternativas como a elaboração de éticas de cuidado para as quais o que é

---

23. Agamben, 1993, p. 38.

certo e errado "é situado nas relações como um todo, em vez de em escolhas e ações discretas ou nas regras morais que governam essas escolhas e ações".[24]

A reticência em abordar questões éticas de maneira explícita por grande parte dos teóricos *queers* foi o que me motivou a buscar elementos que permitam a elaboração de uma ética *queer* e a compreensão de como essa ética se relaciona com as diferentes lutas e mobilizações *queers*. Ao longo de minhas leituras e do contato com diversos grupos e pessoas, fui percebendo uma série de elementos que poderiam constituir essa ética.

Nessa busca, deparei-me com um ensaio de Colleen Lamos que achei um bom ponto de partida para a elaboração de uma ética *queer*: "*The Ethics of Queer Theory*", da coletânea *Critical ethics*.[25] Ao falar sobre o sujeito de uma ética *queer*, Lamos o diferencia daqueles explicitados no ativismo lgbt+ e no feminismo (mulheres, gays, lésbicas etc.) ao afirmar que o termo *queer* "não designa uma categoria ontológica ou entidade substantiva, [e sim] a heterogeneidade e contingências de desejos que operam na formação de cada identidade subjetiva, seja ela heterossexual, homossexual ou outra".[26]

Isso significa que o sujeito da teoria *queer* não é um sujeito essencialista provido de uma substância ontológica, mas múltiplo, instável e em constante processo de negociação e formação. Dessa forma, quando falamos em "sujeitos *queer*", estamos falando em uma multiplicidade de subjetividades, a não ser que estejamos nos referindo a subjetividades particulares e situadas ou que estão sendo contempladas em um contexto específico.

Lamos afirma ainda que essa noção de sujeito gera uma ética não prescritiva, que não apela para valores e noções universais

---

24. Marinucci, 2010, p. 91, tradução minha.
25. Organizada por Dominic Rainsford e Tim Woods.
26. Lamos, 1999, p. 144.

de "bem" e "mal".[27] Assim, caracteriza a ética *queer* como uma ética pragmática onde o que é bom e certo só o é em condições específicas e situadas e para propósitos também específicos.[28]

Essa forma de pensar a ética *queer* faz da "constituição ética da entidade coletiva das pessoas queers multiforme e impermanente como o sujeito queer. Ao invés de imaginar um ideal ético singular, a ética queer é um processo flutuante de negociação, um trabalho sem fim que envolve tanto o debate quanto a concordância".[29]

É possível, então, falar em uma ética não fundacionista, que é um projeto em constante construção, negociação e disputa, assim como a subjetividade na teoria *queer*. E, mais do que isso, nota-se que a construção da ética *queer* é intimamente ligada ao processo de constituição de subjetividades e às necessidades que surgem desse processo e das lutas e desafios que ele envolve. Ao falar do não fundacionismo no contexto da produção teórica *queer*, refiro-me a uma rejeição de noções essencialistas sobre a identidade e a ética. Ou seja, noções que compreendem que, por trás das identidades individuais e coletivas (sexuais, de gênero, de raça etc.), assim como por trás dos princípios éticos, existem essências ou princípios unificadores universais que precedem a conceitualização e que devem adquirir um caráter prescritivo, independentemente de qualquer contexto sócio-histórico.

Na ética que guia as teorias *queers*, os princípios éticos e as identidades políticas são instáveis e contextualizados, sem qualquer pretensão de universalidade. Ao criticar certo conceito fundacionista de política de identidade, Butler questiona a ideia de que "primeiro é preciso haver uma identidade para que os interesses políticos possam ser elaborados e, subsequentemente, empreender a ação política".[30] Em vez disso, temos um agente que

27. Ibid.
28. Ibid.
29. Ibid., p. 141.
30. Butler, 2018, p. 245.

é constituído no próprio ato de se mobilizar e formar alianças e coalizões para lutar pelos seus interesses coletivos. Isso significa que a teoria *queer* não entende as categorias de gênero, sexualidade, raça etc. como ontológicas e pré-discursivas, que existem antes de sua politização, e sim como produto de processos sociais que envolvem também essa politização e que estão sendo constantemente negociados e constituídos no processo de ação política. Com este entendimento, a teoria *queer* faz uso de categorias de identidade de forma estratégica, sem afirmá-las como universais, a-históricas e estáveis, trabalhando também com o deslocamento, a desestabilização e a subversão dessas categorias, como veremos adiante.

Dessa forma, se as identidades são o resultado de uma série de processos sociais, é possível fazer uso delas, mas também ressignificá-las, subvertê-las, assim como é possível habitar posições que procuram confrontar os limites das identidades que nos foram biopoliticamente designadas.

Os sujeitos *queers*, muitas vezes, se posicionam como gays, lésbicas, trans e como outras identidades em torno das quais podem se organizar, mas não há nenhuma pretensão de universalidade ou afirmação da existência de uma essência por trás dessas identidades. É comum também que esses sujeitos se utilizem de identidades mais locais e específicas, dando-lhes outros sentidos. Assim, veem-se ativistas *queers* colocando-se como bichas, *maricas*, *tortilleras*, *dykes*, boycetas, sapatrans, translésbichas e de outras formas que marcam ao mesmo tempo a especificidade e a provisoriedade dessas identidades.

A ética das teorias *queers* pode ser caracterizada, então, como antifundacionista, não prescritiva e, portanto, não teleológica, já que seu caráter instável implica ausência de um objetivo político único, fixo e universal. Assim, tem-se em mãos os elementos para começar a elaboração de uma ética *queer*, mas, antes de iniciá-la, quero propor outro elemento: a antinormatividade.

Para o teórico *queer* estadunidense David Halperin, o *queer* é "aquilo que está em oposição ao normal, ao legítimo, ao dominante".[31] Mas o que significa estar em oposição ao normal? Que normal é esse? Para a teoria *queer*, esse "normal" é da cultura dominante, e a *queericidade* significa não apenas estar excluído da condição de "normal", mas adotar essa posição como um ponto de partida para criticar e confrontar os regimes normativos que produzem as posições de "normal" e "anormal", que operam como uma hierarquia que influencia a distribuição de violências, recursos e oportunidades.

Na visão de Berenice Bento, parte dessa oposição consiste na crítica de regimes discursivos que produzem essas posições e marginalizam os corpos anormais. De acordo com a autora, quem se encontra fora da norma deve explicitar o caráter ideológico dos que produzem os discursos que produzem e reproduzem o centro e as margens.[32] Bento diz ainda que "as posições de gênero que os corpos ocupam nas estruturas sociais são interpretadas como um sistema complexo que põe em movimento múltiplas relações de poder e no qual é sempre possível intervir, criar espaços de resistência".[33] Para a teoria *queer*, então, a posição de alguns sujeitos em relação às normas é o ponto de partida para confrontar regimes normativos e epistemologias e desenvolver outras epistemologias e formas de se relacionar, viver e lutar.

Mas se o *queer* não diz respeito a uma identidade fixa, e sim a uma posição e a uma contestação das normas, isso aponta para outro uso da palavra, como verbo, como ação, "*queerizar*". Assim,

---

31. Halperin, 1995, p. 62.
32. Bento, 2012, p. 53.
33. Ibid.

queerizar significa desconstruir e desestabilizar normas, identidades e conceitos ou práticas, bem como as epistemologias que as sustentam. Esse ato pode ser efetuado não apenas por meio da produção teórica, mas também pela construção de novas formas de habitar o mundo e de se relacionar.

Judith Butler, por sua vez, ao falar sobre os dilemas enfrentados por movimentos sociais como o movimento trans e o intersexo, coloca que "o desafio de todos esses movimentos me parece ser distinguir entre as normas e convenções que permitem que as pessoas respirem, desejem, amem e vivam e aquelas normas e convenções que restringem e evisceram as condições da própria vida", distinção importante para definir quais normas devem ser alvo de crítica e ação política.[34] O que essa distinção aponta é que o caráter antinormativo da teoria *queer* não implica oposição à própria noção de norma, e sim uma crítica em relação a normas e regimes de normalização que constituem formas de violência e opressão ao gerar hierarquias e relações de dominação que se impõem através de uma série de instituições, relações e práticas.

O que procuro argumentar é que, se as subjetividades *queers* se encontram marginalizadas pelas normas que produzem as identidades (de gênero, sexo e raça, entre outras), essa posição pode ser um ponto de partida para criticar, problematizar, subverter, desestabilizar e confrontar essas normas e as instituições que as sustentam. Esse desafio, presente nas teorias e mobilizações *queers*, é central a este livro, pois é ao tomá-lo como ponto de partida que se desenvolve uma ética crítica em relação às normas vigentes e a toda a violência que decorre delas. Trata-se também de uma ética que critica perspectivas que buscam uma assimilação no interior dos regimes de normatividade em vez de seu desmantelamento.

---

34. Butler, 2004, p. 8.

Um dos desafios dessa crítica, como diz Butler, é situá-la "no contexto das vidas como são vividas e guiá-las pela pergunta do que maximiza as possibilidades para uma vida vivível e minimiza as possibilidades de uma vida insuportável ou de uma morte social ou literal".[35] Portanto, a crítica das normas de gênero precisa ser realizada a partir das perspectivas das vidas de sujeitos concretos e dos efeitos de tais normas sobre essas vidas, ou seja, dos "corpos que avaliam".

Esse elemento está intimamente ligado aos apresentados anteriormente, pois a construção de sujetividades *queer* e a elaboração de seus interesses políticos envolvem um desafio às normas sociais vigentes que criam sujeitos socialmente coerentes, inseridos em hierarquias sociais. O resultado dessas hierarquias é que alguns humanos são considerados mais humanos do que outros, e alguns sequer têm a sua humanidade reconhecida. Assim, os corpos são interpelados, capturados e organizados através de uma série de normas e práticas que produzem relações de exploração e geram diversas formas de violência.

O compromisso com a antinormatividade é então um dos aspectos centrais que guiam a ética *queer*, e leva a uma recusa ao assimilacionismo que tem marcado grande parte das políticas lgbt+ contemporâneas. As mobilizações buscam, portanto, confronto e transformação, não assimilação. Essa recusa é claramente expressa quando os *queers* anarquistas da *Mary Nardini Gang & A Gang of Criminal Queers* afirmam: "Chega de candidaturas, ceos e policiais gays. Precisamos, de maneira rápida e imediata, articular um amplo abismo entre a política de assimilação e a luta pela libertação".[36] Para eles, assim como para outros *queers* radicais entre os quais me incluo, a *queericidade* deve almejar uma ruptura completa com essa sociedade.

---

35. Ibid.
36. Mary Nardini Gang & A Gang of Criminal Queers, 2020, p. 29.

Agora, tendo delimitado de maneira geral as características centrais da ética *queer*, é possível nos aprofundarmos em suas bases teóricas e consequências práticas. Temos, então, uma ética não fundacionista e não prescritiva cujos sujeitos e elaborações éticas estão em constante construção e negociação, em uma posição de oposição em relação às normas vigentes, gerando uma ética antinormativa e antiassimilacionista que tem como objetivo a subversão, a desconstrução e a contestação dessas normas.

Minha proposta é desenvolver uma análise por meio de uma elaboração da construção das teorias *queers* e das lutas *queers* em diálogo, demonstrando como essa elaboração foi desenhada tomando por base críticas que expandiram o escopo dos estudos e das subjetividades *queers* e forçaram esses estudos a levar em conta outros marcadores de diferença em suas análises dos processos de formação da identidade, considerando a noção de que tais marcadores dialogam entre si e não operam como entidades independentes. Elas também apontaram pontos que não estavam sendo devidamente considerados por teóricos *queer*, mas que têm uma influência direta sobre suas elaborações. Afinal, as lutas sociais necessitam de "estratégias articuladas que tenham em conta diversos critérios: raça, classe social, gênero, imigração, doença... critérios fundamentais de luta que põem na mesa as multidões queer".[37]

É com maior inclusão desses fatores e com diálogo com outras perspectivas que as teorias *queers* se desenvolveram e expandiram o escopo de suas elaborações (antes demasiadamente focadas em questões de sexo e gênero) e suas subjetividades, permitindo analisar a identidade em seu contexto sócio-histórico e em sua complexidade e mutabilidade. Ou seja, da mesma forma que as teorias *queers* trabalham com identidades instáveis e com uma ética e política que se adaptam às necessidades de diferentes corpos e coalizões, elas mesmas também se transformam com a neces-

37. Saez, 2007, p. 69.

sidade de analisar diferentes fenômenos e lidar com a realidade de contextos diferentes daqueles nos quais foram inicialmente elaboradas. Esse processo põe em evidência uma ética *queer* presente em diversas lutas políticas e elaborações teóricas, e é o que pretendo demonstrar ao longo deste livro.

A (des)construção do sujeito
queer

Para que possamos falar sobre o componente não fundacionista da ética e da política *queer*, precisamos primeiro entender como as teorias *queers* têm compreendido e teorizado a subjetividade, a identidade e a operação de regimes de normalização em suas múltiplas facetas.

Na introdução, busquei explicar *como* problematizações da identidade fixa, estável e baseada em categorias universais e a-históricas – que resultaram da chamada "virada pós-moderna" na filosofia – adentraram debates dos círculos ativistas e acadêmicos que já as realizavam, abrindo espaço para a elaboração das teorias *queers*.

Agora, pretendo expor como elas têm entendido e teorizado o sujeito e problematizado, primeiramente, as identidades baseadas na sexualidade e no gênero, e, em seguida, outras formações identitárias, à medida que o seu escopo de análise se expandiu. Antes, porém, de me aprofundar nas elaborações das teorias *queer*, vale a pena esclarecer algumas noções de Foucault sobre o sujeito, o poder e a sexualidade que tiveram uma influência importante em círculos e grupos ativistas – entre eles, grupos que se mobilizaram contra a aids, como o Act Up – e foram amplamente utilizadas por teóricos *queer*.

Michel Foucault e a História da Sexualidade

Embora Foucault possa ser inserido no debate sobre as problematizações que precederam as teorias *queer* (das quais tratei na introdução), acredito que seja válido abordar o seu trabalho separadamente, uma vez que é uma das maiores influências das teorias *queers* e os ecos de seu pensamento podem ser percebidos no trabalho de grande parte dos autores a ela associados.

Em particular, suas noções sobre a relação entre o poder, o saber e o processo de formação de subjetividades e identidades (a sexual em particular) foram extensamente adotadas e teorizadas, sob novas formas, por autores como Judith Butler, Paul Preciado, Roderick Ferguson, Leandro Colling e David Halperin.

Nas análises desenvolvidas em sua obra *A história da sexualidade*, entre outras, Foucault tratou o poder como uma força não apenas repressiva, mas também produtiva, que gera e gere determinadas relações sociais e subjetividades. Ao falar da relação entre o poder e a sexualidade, ele procurou se contrapor a uma narrativa comum entre autores como o psicanalista Wilhelm Reich, de acordo com a qual o poder tem operado historicamente apenas no sentido de reprimir a sexualidade.

O propósito de Foucault não era negar as interdições que o poder pôs em jogo com o objetivo de regular a sexualidade, e sim demonstrar como esse caráter repressor do poder tem sido acompanhado por operações produtivas. Assim, as operações do poder que reprimem a sexualidade nas sociedades ocidentais vieram acompanhadas de "toda uma produção muito intensa, muito ampla, de discursos – discursos científicos, discursos institucionais – e, ao mesmo tempo, de uma preocupação, de uma verdadeira obsessão em relação à sexualidade".[1]

---

1. Foucault, 2012a, p. 74.

De acordo com ele, essa obsessão com a sexualidade, originada na moral cristã, foi gradualmente incorporada em diferentes instituições e relações de poder na passagem da Idade Clássica para a Modernidade, no séc. XVIII. À medida que esse processo se desenvolveu, o poder passou a operar cada vez mais de forma a "incitar, reforçar, controlar, monitorar, otimizar e organizar as forças sob ele: um poder dedicado a gerar forças, fazê-las crescer e ordená-las, em vez de dedicado a impedi-las, fazê-las se submeterem ou destruí-las".[2]

Para Foucault, tais mudanças são acompanhadas de uma produção discursiva, e, assim, ele desenvolve uma análise das "práticas do conhecimento moderno em termos de estratégias do poder imanente nelas e tratando a 'sexualidade' não como algo determinado por si mesmo, mas como uma positividade produzida por essas técnicas de conhecimento".[3] Através dessa análise, ele politiza a sexualidade e os saberes gerados sobre ela. Em outras palavras, o conhecimento não é algo produzido de forma abstrata e separada das relações de poder, mas um produto delas, ligado às estratégias do poder e aos discursos por ele legitimados. De acordo com Foucault, nem mesmo o corpo escapa da história e das relações de poder, sendo afetado por uma série de regimes de saber-poder que o capturam e agem sobre ele.[4]

Essa compreensão do poder como uma força produtiva que atua sobre os corpos gera também uma noção de sujeito que desafia a ideia de que determinados sujeitos tenham uma natureza essencial que é reprimida pela sociedade, substituindo-a por sujeitos que são constituídos por e se constituem através de uma série de discursos e práticas, muitas vezes em competição.

2. Id., 1978, p. 136, tradução minha.
3. Halperin, 1995, p. 42, tradução minha.
4. Foucault, 1978, p. 18.

A análise apresentada também se aplica à constituição de sujeitos sexuais. Assim, não há uma série de sujeitos predeterminados e autênticos reprimidos por um poder exterior a eles, mas sujeitos inseridos em uma série de relações de poder e produzidos por processos de subjetivação. Em vez de uma natureza essencial a ser liberada, temos formas alternativas de subjetivação a buscar e desenvolver.

A ideia de que o poder reprima uma sexualidade inata e natural fazia parte do ideário do movimento de libertação gay que mobilizou o movimento lgbt+ estadunidense nos anos 1960-70 e que acreditava em uma natureza humana andrógina e polimorfa, procurando, assim, libertar as pessoas das formas de opressão que reprimem essa natureza através da mobilização política.[5]

Essa visão denunciava a artificialidade dos papéis de gênero e sexualidade socialmente impostos, mas, por vezes, recaía em ideias essencialistas ao propor a noção de uma sexualidade inata, autêntica e pré-cultural. O ativismo lgbt+ assimilacionista, por sua vez, tende a pensar as identidades sexuais e de gênero como conjunto de identidades preestabelecidas que devem ser incluídas na ordem social, lutando por direitos para os sujeitos que se enquadram nessas categorias. As elaborações de Foucault têm, então, a função de problematizar qualquer noção de sujeito sexual fixo, estável ou a-histórico.

Porém, ao falar do caráter produtivo do poder, Foucault não estava apenas preocupado com a relação entre o poder e a sexualidade. Ao apontar para a crescente importância política da sexualidade e dos saberes médicos, psicológicos e psiquiátricos que se formaram em torno dessa relação, o autor situa essa forma de gestão da sexualidade na emergência de um novo regime de poder, nomeado por ele de "biopoder", cujo surgimento ele localiza no séc. XVII, durante o período clássico. Para ele, essa época é caracteri-

5. Seidman, 1993, p. 110.

zada por várias disciplinas, práticas políticas e uma crescente preocupação com questões relacionadas ao governo de populações. Assim, o poder passa a observar fatores como taxas de nascimento e longevidade, saúde pública, moradia e migração, desenvolvendo também técnicas para subjugar os corpos e gerir as populações, dando início ao que ele chama de uma "era de biopoder".[6]

Para Foucault, o biopoder consiste no uso de técnicas que unem o conhecimento especializado ao poder institucionalizado, permitindo que o Estado administre cada vez mais a vida humana, os corpos e as populações.[7] Assim, se o poder soberano, que caracterizou as sociedades feudais, é o poder de matar, de extinguir a vida, o biopoder é aquele que administra a vida, regula os corpos e as populações. O biopoder, porém, não surgiu para substituir o poder soberano – que passa a coexistir cada vez mais com formas de poder que buscam produzir e administrar certas subjetividades e formações sociais e inseri-las nas mais diversas estratégias.

Para Foucault, a evolução do biopoder se daria através de dois polos complementares que se desenvolveriam a partir do séc. XVII. O primeiro deles é focado no disciplinamento do corpo e na otimização de suas capacidades consideradas úteis para extrair suas forças da forma mais eficiente possível, produzindo corpos dóceis e utilizáveis para integrá-los na economia. Isso é o que ele chama de "anátomo-política do corpo humano", e envolve uma série de técnicas, normas e instituições disciplinares. O outro polo põe em jogo o que Foucault chama de uma biopolítica da população, e envolve a análise e a gestão de fatores relacionados a determinadas populações através de políticas públicas. A evolução desses dois polos se daria, inicialmente, de forma separada e paralela, e posteriormente em conjunto.

6. Foucault, 1978, p. 140.
7. Halperin, 1995, p. 41.

A gestão dos corpos e populações efetuada por meio desses polos teria um papel importante no desenvolvimento do capitalismo, ao anexar corpos a processos econômicos e extrair deles diversas utilidades. Além disso, o seu desenvolvimento também gerou uma série de exclusões e hierarquias que privilegiam determinados grupos e corpos e geram relações de dominação, exploração e marginalização.

No séc. XVIII, esses polos ainda se desenvolviam separadamente, mas esse processo levaria a sua união através de arranjos concretos que constituiriam o caráter das operações do poder na Modernidade, e a mobilização da sexualidade seria fundamental na composição que caracteriza o biopoder. A crescente importância da produção e regulação da sexualidade pelo poder e a ascensão do biopoder são parte de um único processo. Nesse regime, a sexualidade se tornou um fator a ser catalogado e administrado não por representar uma ameaça ao poder, mas por ser um elemento "útil para um grande número de manobras e capaz de servir como um ponto de apoio, um eixo para as mais variadas estratégias".[8]

Foucault concebia a sexualidade como um dispositivo, e via nesse dispositivo um ponto estratégico para a regulação e a administração dos corpos e populações. Para ele, o uso da sexualidade com esse propósito só foi possível por meio da produção de saberes por discursos como os da psicanálise e da psiquiatria. Esses campos operam de forma a encorajar as pessoas a produzirem um saber sobre a própria sexualidade, que, por sua vez, é utilizado para a manutenção de certas relações de poder.[9]

Essa produção em que sujeitos são encorajados a falar sobre si mesmos e, assim, contribuir para a formação de discursos sobre a sexualidade era para Foucault derivada dos métodos de

8. Foucault, 1978, p. 103.
9. Spargo, 2017, p. 15.

confissão da pastoral cristã, que incitavam as pessoas a elaborar uma produção discursiva sobre a própria sexualidade. Para ele, a pastoral cristã foi responsável por estabelecer um mecanismo de poder que também operava como uma forma de desenvolver um saber sobre os indivíduos que era um saber *dos* indivíduos sobre eles próprios.[10]

No entanto, se antes os discursos produzidos pela confissão cristã tinham como objetivo a expiação do pecado com o propósito de atingir a salvação do indivíduo, e não deixavam rastros ou registros, os discursos produzidos no contexto da sexologia, psiquiatria e psicanálise, principalmente a partir do séc. XVIII, seriam registrados e atuariam na formação de saberes a serem utilizados para administrar o sexo e a vida.

Assim, a adaptação das técnicas de confissão da pastoral cristã à produção de discursos científicos por meio de uma série de processos – que abordarei adiante – resultou em procedimentos com o objetivo de "falar a verdade do sexo".[11] Esses procedimentos gerariam uma produção discursiva que seria registrada e utilizada para produzir um conhecimento sobre a sexualidade que catalogaria as suas diversas manifestações, resultando em uma taxonomia sexual das "perversões" e dos "sujeitos perversos".

A constituição desses saberes sobre a sexualidade – que adquiriram o *status* de uma verdade sobre o sexo – é aquilo que Foucault chama de *scientia sexualis*. Forjada pelo Ocidente europeu na Modernidade, ela produz um saber "sobre a sexualidade das pessoas, e não sobre o prazer delas, alguma coisa que não seria como fazer para que o prazer seja o mais intenso possível, mas sim qual é a verdade dessa coisa que, no indivíduo, é o seu sexo ou sexualidade: verdade do sexo, e não intensidade do prazer".[12]

10. Foucault, 2012a, p. 70.
11. Id., 1978, p. 58.
12. Id., 2012a, p. 60.

A passagem dos métodos de confissão da pastoral cristã para os discursos que viriam a constituir uma *scientia sexualis* não se deu, porém, em uma transferência direta, sendo precedida por uma série de mudanças. Primeiramente, é importante chamar atenção para como, desde a Idade Média, a confissão já havia se tornado um método importante para a produção de verdades. Gradualmente, passou a adquirir um papel central na ordem dos poderes civis e religiosos, a partir de mudanças que, para além do próprio desenvolvimento das técnicas de confissão, envolveram também mudanças na justiça criminal, como o declínio de procedimentos acusatórios, o abandono de testes de culpa (como duelos e julgamentos por Deus), a elaboração de métodos de inquérito e a intervenção cada vez maior da administração pública em processos penais.[13]

No séc. XVII, a pastoral cristã sofreu mudanças importantes. Antes desse período, era esperado de todo bom cristão que ele confessasse qualquer violação das leis do sexo estabelecidas por sua religião sem, contudo, detalhar suas violações. Já a nova pastoral estabeleceu um novo imperativo e, nas palavras de Foucault, "o sexo não deve ser nomeado imprudentemente, mas seus aspectos, suas correlações e seus efeitos devem ser perseguidos até as suas mais sinuosas ramificações".[14]

Esse modelo de confissão já havia sido elaborado em um contexto monástico e ascético, mas sendo limitado a uma pequena elite. Agora, porém, era esperado de qualquer cristão que confessasse tudo nos mínimos detalhes e gerasse uma produção discursiva minuciosa a respeito de sua sexualidade. Essa produção ocorre no interior de uma relação de poder, na qual o pastor detém a autoridade sobre aquele que busca a salvação. O ritual de confissão não ocorre então na forma de um discurso produzido

---

13. Foucault, 1978, p. 59.
14. Ibid., p. 19, tradução minha.

no vazio, e sim do discurso direcionado a uma autoridade que prescreve a confissão, analisa-a e "intervém com o propósito de julgar, punir, permitir, consolar".[15]

Mas, na passagem da Idade Clássica para a Modernidade, o método da confissão seria gradualmente aplicado em uma série de relações de poder. Assim, Foucault nos diz que, com a ascensão do protestantismo, da Contrarreforma, da pedagogia do séc. XVIII e da medicina, a confissão passaria a fazer parte das relações entre crianças e pais, estudantes e professores, pacientes e psiquiatras, entre outras.

A partir do séc. XVIII, emergem incentivos políticos, econômicos e técnicos para a produção de discursos sobre o sexo que desempenharam um papel importante na proliferação dos métodos de confissão, preparando o terreno para o desenvolvimento da *scientia sexualis*. Para isso, foi preciso realizar uma série de adaptações aos métodos de produção desses discursos. Foucault cita, então, cinco fatores que contribuíram para essa transformação.

O primeiro é a codificação clínica da incitação para falar. Assim, ao combinar a confissão com o exame e a história pessoal dos indivíduos com um conjunto de sintomas e sinais decifráveis, são desenvolvidos métodos como o questionário e a hipnose para produzir observações consideradas cientificamente aceitáveis. O segundo fator é o que ele chama de "postulado de uma causalidade geral e difusa", que consiste na ideia de que qualquer "desvio" sexual poderia acarretar todo tipo de consequências. Então, qualquer tipo de evento sexual na vida de uma pessoa que fugisse dos padrões de normalidade poderia gerar diversas consequências ao longo de sua vida. Em seguida, temos o "princípio da latência intrínseca à sexualidade", que se baseia na ideia de que a sexualidade é furtiva e obscura pela própria natureza, de forma que pode permanecer oculta de nós mesmos. Partindo

---

15. Ibid., p. 61, tradução minha.

desse princípio, era preciso extrair das pessoas não apenas o que procuravam esconder dos outros, mas o que supostamente escondiam delas próprias. O próximo elemento, relacionado a este, é o método da interpretação.

A confissão era então necessária não apenas porque aquele que ouve é capaz de consolar ou perdoar, mas porque a interpretação seria necessária para decifrar essa confissão. Aquele que confessava estava, portanto, inserido em uma relação de poder, em que aquele que recebe a confissão desempenha uma função hermenêutica, que consiste em decifrar os conteúdos da confissão e estabelecer discursos de verdade com base nessa interpretação. Desse modo, seria possível revelar o caráter obscuro da sexualidade por meio da confissão e da interpretação por uma figura de autoridade.

Por fim, foi necessária a medicalização dos efeitos de confissão. Assim, o domínio sexual não era algo que se explicava apenas por noções como erro, pecado, excesso ou transgressão, como anteriormente. O sexo era agora pensado também mediante as categorias de "normal" e "patológico", e a confissão e seus efeitos passaram a ser caracterizados como operações terapêuticas à medida que o sexo se tornava um domínio de intervenções médicas.[16]

A partir dessas adaptações, a passagem da Idade Clássica para a Modernidade foi marcada pela proliferação do método da confissão e dos discursos sobre o sexo produzidos em diferentes relações, resultando em uma série de saberes cuja pretensão era revelar a "verdade do sexo".

Estamos, então, no contexto da ascensão do biopoder e da crescente administração dos corpos, da vida e das populações. À medida que o poder começa a se preocupar com as taxas de

---

16. Foucault, 1978.

natalidade e fertilidade, a idade do início das relações sexuais e sua frequência, entre outras questões, o sexo se torna uma questão política e econômica.

Nesse novo momento, passa-se a falar do sexo como "algo a não ser simplesmente condenado ou tolerado, mas conduzido, inserido em sistemas de utilidade, regulado para o maior benefício de todos, induzido a funcionar de acordo com uma otimização".[17]

Uma vez que os discursos sobre o sexo se transformam em discursos científicos, passam a ser registrados, catalogados e classificados, resultando em uma série de personagens, sujeitos e perversões a ser administrada pelo poder. Assim, começa toda uma organização de tratamentos médicos e controles pedagógicos impostos sobre as pessoas, da infância até a velhice, para regular as novas perversões.

Este processo formou sujeitos sexuais e estabeleceu regulações mediadas por normas sexuais que passaram a definir uma sexualidade "normal" em contraste com uma "anormal" e "perversa". Assim, a normalidade é atrelada à ideia de uma sexualidade heterossexual e reprodutiva, em oposição a uma série de perversões com as quais a psiquiatria e a psicanálise procurariam lidar.

É nesse contexto que Foucault situa o surgimento do sujeito homossexual, que se torna possível quando as práticas sexuais, antes vistas como atos de sodomia, passam a ser vistas como constitutivas de um novo sujeito.[18] Nas palavras de Foucault: "O sodomita havia sido uma aberração temporária, o homossexual era agora uma espécie".[19] Ao falar do surgimento do homossexual, o que ele pontua não é que as relações sexuais entre pessoas do mesmo gênero não existissem anteriormente, e sim que eram entendidas como um pecado (sodomia) ao qual qualquer indi-

---

17. Ibid., p. 24, tradução minha.
18. Ibid.
19. Ibid., p. 43, tradução minha.

víduo poderia sucumbir e que, portanto, não compunham uma identidade. O surgimento do sujeito sexual significa que os atos sexuais passam a ser vistos como algo cometido por um certo tipo de ser humano, que Foucault descreve como "um personagem, um passado, uma história de caso e uma infância, além de um tipo de vida, uma forma de vida e uma morfologia com uma anatomia indiscreta e possivelmente uma fisiologia misteriosa".[20]

Mas esse sujeito homossexual ainda não é o homossexual de hoje, e sim um produto de sua época. Não se trata de um sujeito cuja homossexualidade diz respeito apenas à escolha de seus parceiros, mas de alguém que seria constituído pela sua sexualidade a tal ponto que até a sua anatomia e a sua fisiologia seriam afetadas por ela. Além disso, esse é um homossexual constituído apenas pelo discurso médico.

Na literatura médica da época, vemos uma série de características que descreveriam esse sujeito e que incluem, frequentemente, "os seus gestos, sua aparência, sua maneira de enfeitar-se, seu coquetismo, assim como a forma e as expressões do seu rosto, sua anatomia, a morfologia feminina de todo o seu corpo".[21]

Por mais absurdas e ridículas que tais descrições possam parecer hoje, eram comuns na literatura médica da época sobre a sexualidade e os sujeitos constituídos como "perversos". No caso do homossexual, ele também era frequentemente descrito tendo por referência um modelo de "inversão" sexual, em que a homossexualidade seria uma forma de feminização do homem ou masculinização da mulher. Assim, falava-se de "invertidos" e "invertidas".

Tamsin Spargo elabora o contexto do surgimento do sujeito homossexual ao afirmar que ocorreu a partir do controle da sexualidade da família burguesa, seguindo um esquema que demandava a condenação de qualquer forma de sexualidade que fugia

20. Ibid.
21. Foucault, 2012b, p. 199.

da norma da procriação. Consequentemente, esse sujeito virou objeto em campos de discussão como "demografia, educação e direito, cuja preocupação era proteger a saúde e a pureza da população".[22]

No entanto, esses mesmos discursos que criaram o sujeito sexual e o definiram como resultado de uma perversidade sexual geraram condições para que esse sujeito passasse a se organizar em torno dessa identidade e a questionar os próprios termos em que ela era entendida. Ou seja, o poder produz também a resistência aos termos que ele estabelece.

Em um processo que Foucault chama de "discurso reverso", "a homossexualidade começou a falar em seu próprio nome, a demandar a legitimidade da 'naturalidade' e a ser reconhecida muitas vezes no mesmo vocabulário e usando as mesmas categorias usadas para desqualificá-la clinicamente".[23]

Como resultado do discurso reverso e de mobilizações políticas, os sujeitos classificados como homossexuais ressignificaram sua identidade, criaram uma cultura em torno dela e reivindicaram direitos, dando preferência inclusive aos termos "gay" e "lésbica" para se referir a si mesmos em determinado momento. Essas reivindicações conseguiram desassociar em grande parte a homossexualidade da ideia de um distúrbio mental, uma perversão a ser "curada".

Essa mudança de sentido é clara quando olhamos para o movimento de libertação gay estadunidense na década de 1960, que popularizou o termo e a ideia de um "orgulho gay", combatendo o estigma e a vergonha associados a sexualidades fora da norma heterossexual.

Vemos, então, como o poder é capaz de produzir sujeitos (sexuais, neste caso) pela mobilização de certos discursos e normas,

---

22. Spargo, 2017, p. 19.
23. Foucault, 1978, p. 101, tradução minha.

mas vemos também que esses sujeitos são capazes de questionar esses processos por meio de um "discurso reverso", criando novos significados para suas identidades e fazendo reinvindicações políticas em nome delas, que passam a se tornar um ponto de convergência para diferentes mobilizações políticas.

Esses processos também mostram a instabilidade e a historicidade das identidades sexuais e sua relação com determinados contextos, processos sociais e relações de poder que criam, mobilizam e disputam essas identidades. Nesse sentido, é preciso entender discursos e normas que produzem identidades no contexto das práticas, relações e instituições que os geram para dar conta de sua materialidade.

Deixando, então, qualquer noção de sexualidade atemporal e pré-discursiva, Foucault propõe o abandono da busca por uma suposta verdade do sexo que daria lugar a uma produção de novas formas práticas e saberes. Assim, em vez de procurar descobrir e libertar uma sexualidade reprimida e essencial, ele clamava pela produção de novas formas de prazer e relações mediante um processo de experimentação e criação focado em corpos e práticas, e não em identidades – proposta fortemente alinhada com perspectivas *queer*, como a de Preciado, que será abordada mais à frente.

Os estudos de Foucault em torno do tema foram alvo de muitas críticas. Entre as mais pertinentes estão o apontamento de que suas análises são excessivamente eurocentradas (e alheias, em grande parte, ao processo de colonização e às questões raciais) e focadas na sexualidade masculina.[24] Além disso, pesquisadores apresentaram, posteriormente, análises mais detalhadas das relações entre pessoas do mesmo gênero e as categorias ligadas à sexualidade no séc. XIX.[25]

Apesar de seus limites, as análises de Foucault contribuíram

---

24. Spargo, 2017.
25. Ibid.

para o desenvolvimento de novas formas de compreender a relação entre o poder e o conhecimento. Surgiram, assim, novas ferramentas para teorizar o sujeito como produzido e constituído por práticas discursivas mobilizadas pelo poder e questioná-las, engendrando outros processos de subjetivação.

Mais especificamente, Foucault forneceu um modo de enxergar as identidades sexuais como *socialmente* produzidas, ao mostrar *como* práticas sexuais se transformaram em identidades por meio da mobilização de discursos e práticas de poder. Por sua vez, mostrou também como essas identidades foram reapropriadas e ressignificadas pelos próprios sujeitos através da mobilização de discursos que se contrapõem aos que as formaram.

Ao falar sobre essas mudanças na forma de enxergar a sexualidade, Eve Kosofsky Sedgwick, teórica estadunidense que foi um dos primeiros nomes associados à teoria *queer*, afirmou que essa reviravolta nos permite analisar a sexualidade considerando que a homossexualidade atual é tão diferente de arranjos passados entre relacionamentos do mesmo gênero que não há uma simples relação de continuidade entre esses arranjos e o presente.[26] Assim, só podemos falar de determinada sexualidade levando em conta o contexto sociocultural em que ela está inserida e os arranjos que medeiam as relações sexuais e afetivas dentro desse contexto.

Essa forma de compreender a identidade sexual tem implicações tremendas nos estudos e na política da sexualidade. Se as próprias categorias pelas quais entendemos a nossa sexualidade e reivindicamos direitos não são universais e naturais, mas produzidas, a própria produção se torna algo a ser politizado e questionado, assim como os discursos mobilizados para formar essas categorias.

Não existe, então, qualquer verdade universal sobre homossexualidade, heterossexualidade ou bissexualidade, porque essas identidades só podem ser entendidas considerando os contextos

---

26. Sedgwick, 1990, p. 44.

históricos, geográficos e culturais que as produzem e reproduzem e que geram novos significados e variações, abertos a contestações, desvios e subversões.

Entretanto, a noção de que o sujeito sexual é um produto histórico não deve ser confundida com a ideia de que não há fatores biológicos envolvidos. Ao abordar esse equívoco comum – por trás de muitas objeções à obra de Foucault e à teoria *queer* –, Gayle Rubin afirma que, apesar de fatores biológicos serem necessários à produção da sexualidade, "não determinam seu conteúdo, suas experiências ou suas formas institucionais. Além disso, nunca encontramos o corpo de forma não mediada pelos significados que a cultura lhe dá".[27]

Segundo Halperin, Foucault nunca adotou uma posição sobre a influência da biologia na constituição da homossexualidade e de outras formas de sexualidade. Em vez disso, focou no estudo das condições históricas que geram determinados entendimentos e arranjos sociais da sexualidade.

A análise da sexualidade como um produto histórico e social mostra a arbitrariedade das identidades sexuais como nós as entendemos e leva a questionar o motivo de, entre tantos aspectos diferentes que compõem a sexualidade das pessoas, ter sido dada tanta importância ao gênero dos parceiros com os quais se relacionam. Sedgwick pondera como, entre tantas formas possíveis dentre as quais podemos categorizar a sexualidade, o gênero pelo qual alguém se atrai continua a ser a principal forma de categorizar a orientação sexual.[28]

Essa forma de enxergar a sexualidade gera também uma série de hierarquias, por exemplo: pessoas bissexuais passaram a ser vistas como sujeitos com uma identidade sexual menos desenvolvida; pessoas trans foram analisadas como sujeitos

27. Rubin, 2011, p. 147, tradução minha.
28. Sedgwick, 1990, p. 8.

incompletos; enquanto as experiências de quem define a sua sexualidade primariamente por meio de práticas e prazeres, como no caso de muitos sadomasoquistas, são desconsideradas.[29]

Tendo em vista esses questionamentos, podemos pensar em como elaborar e mobilizar saberes, práticas e relações que nos permitam combater essa captura através de processos de subjetivação, e, assim, constituir a nós mesmos de outras formas. Um exemplo dessa virada de perspectiva é encontrado em Shane Phelan, quando ela diz que mais produtivo do que perguntar qual seria a essência das lésbicas, essência esta inexistente, seria perguntar como as lésbicas estão posicionadas dentro de determinada sociedade, que relações de poder estão envolvidas na posição desse sujeito, quais dessas relações devem mudar e como podem ser mudadas.[30]

Vemos aqui que, além de retirar o foco de uma unidade em torno de uma identidade essencializada e universal, essa forma de analisar a identidade e a subjetividade privilegia os contextos socioculturais e procura enxergar quais são as perspectivas de ação e alianças possíveis nesses contextos. Afinal, não é a mesma coisa ser uma lésbica branca e de classe média vivendo em Nova York nos anos 1980 e uma lésbica negra vivendo em área rural no interior do estado de São Paulo em 2020. Entretanto, não se trata apenas de diferenças de contexto que nada têm a ver com a identidade lésbica, a questão é que o próprio significado dessa identidade não é o mesmo para diferentes pessoas em diferentes contextos, e esses significados estão em constante mudança, disputa e negociação. Ao reconhecermos isso, é possível buscar perspectivas políticas que encarem nossas identidades em seus devidos contextos e que procurem reformulá-las de acordo com as necessidades políticas do momento.

29. Spargo, 2017.
30. Phelan, 1994, p. 55.

Essa problematização da constituição do sujeito e da identidade e as normas envolvidas nesse processo estão no cerne da teoria e da política *queer*, assim como da ética *queer* que delineei anteriormente.

Judith Butler e a performatividade de gênero

Com o surgimento das teorias *queers*, o escopo das problematizações em torno do sujeito e da identidade se expandiu à medida que diferentes pensadores começaram a se debruçar sobre aspectos diversos da identidade e da subjetidade e sobre os mecanismos e relações de poder que as produzem, mobilizam e lhes dão novos sentidos. Em 1990, Judith Butler, teórica *queer* feminista, poria em questão a naturalidade do gênero em sua obra *Problemas de gênero: feminismo e a subversão da identidade*.

Nesse livro, que é provavelmente a obra mais conhecida associada às teorias *queers*, Butler elaborou análises sobre a formação do gênero, posteriormente desenvolvidas e revisadas em resposta às críticas em *Corpos que importam* (1995) e *Desfazendo o gênero* (2004). Essas elaborações teóricas desempenharam um papel importante no desdobramento da teoria *queer* e dos estudos de gênero em geral.

Butler inicia suas análises situando o debate (mencionado anteriormente) em torno das problematizações do significado do sujeito "mulher" dentro do feminismo. Como resultado, afirma que o sujeito "mulher" já não é mais compreendido de forma estável e permanente, e que as argumentações que emergiram dessas discussões indicam que "é muito pequena, afinal, a concordância quanto ao que constitui ou deveria constituir a categoria das mulheres".[31]

---

31. Butler, 2018, p. 18.

De acordo com a autora, essa fragmentação e divisão do feminismo, fruto da competição entre diferentes visões acerca da constituição dessa categoria (vista pela maior parte das feministas como o sujeito político do feminismo), "sugerem os limites da política de identidade".[32] A crítica a esses limites, que não necessariamente implicam a negação do uso estratégico da identidade, é um tema comum na teoria *queer*.

Mas a que estamos nos referindo exatamente quando falamos de política de identidade? O termo surge tão frequentemente no discurso político que se tornou de certa forma um clichê, porém é raramente esclarecido.

Para a teórica feminista Moya Lloyd, a política de identidade é uma forma de política baseada em características compartilhadas entre diferentes indivíduos, ou seja, "uma natureza essencial, uma série de experiências que todos os membros têm em comum, apesar das diferenças entre membros baseadas, por exemplo, em raça, idade ou orientação sexual".[33] Ela procura, assim, encontrar a unidade baseada em uma identidade *apesar* das diferenças entre as diferentes pessoas que se enquadram nela.

A definição apresentada por Lloyd ajuda a esclarecer a crítica de Butler e a de outros teóricos *queer* à política de identidade essencialista. Um foco excessivo na união com base em uma identidade comum frequentemente termina por ignorar ou não levar a sério o suficiente as diferenças entre as múltiplas subjetividades que se enquadram nessa identidade, bem como as diferentes formas pelas quais essa identidade se manifesta em diversos contextos, o que paradoxalmente pode levar a disputas e fragmentação quando as diferenças vêm à tona.

É importante lembrar mais uma vez que o reconhecimento das diferenças dentro de uma categoria identitária não implica a

---

32. Ibid., p. 23.
33. Lloyd, 2005, p. 36, tradução minha.

rejeição do uso político da identidade e da organização em torno dela – e muitos de seus defensores procuram elaborar maneiras de lidar com essas diferenças. Portanto, não é correto dizer que fazer um uso estratégico da identidade implica necessariamente ignorar essas diferenças.

Apesar disso, disputas em torno de como devem ser definidas categorias identitárias, quem pertence a elas e quais são as pautas relacionadas a determinadas categorias permanecem fortes, e isso inclui os debates que ocorrem no feminismo e que continuam se desenrolando, ocasionando tensões e adquirindo novos contornos.

É bom frisar também que, a despeito das frequentes críticas aos limites da política de identidade, não há uma visão única sobre seu uso estratégico entre ativistas e autores *queer*, ao contrário, há grande divergência de opiniões. O que permanece unânime, porém, é a forma de enxergar as categorias de identidade como política e socialmente produzidas. Assim, são tratadas como processo e produção, e não essência.

Butler questiona, então, se a busca no feminismo por unidade em torno de uma única noção essencialista do que é ser mulher não estaria provocando fragmentação ao invés de união, gerando uma disputa e uma série de "mulheridades" teóricas supostamente universais que, na prática, são irrelevantes para a realidade de grande parte das mulheres pelo mundo.

Partindo dessa problematização, Butler pergunta: "Seria a construção da categoria das mulheres como sujeito coerente e estável uma regulação e reificação inconsciente das relações de gênero? E não seria essa reificação precisamente o contrário dos objetivos feministas?".[34]

Ela procura, então, entender o gênero de modo a não pressupor que as categorias que usamos sejam portadoras de uma

---

34. Butler, 2018, p. 24.

essência e propõe desenvolver uma análise que dê conta desse processo que forma e dá ao gênero a aparência de ter um caráter natural e universal.

Dessa análise, surge a teoria da performatividade de gênero, noção que seria amplamente criticada (por vezes de forma equivocada), mas também utilizada, elaborada e adotada por outros pensadores. Butler define o gênero como "a estilização repetida do corpo, um conjunto de atos repetidos no interior de uma estrutura reguladora altamente rígida, a qual se cristaliza no tempo para produzir a aparência de uma substância, de uma classe natural de ser".[35]

Ou seja, para Butler, o gênero não é uma substância ontológica, mas um agir, uma série de atos performativos que, por sua repetição, criam a ilusão de uma naturalidade que oculta o seu caráter performativo. Essa caracterização foi frequentemente interpretada como uma afirmação de que o gênero seria como uma performance realizada por um ator, e que qualquer um poderia, portanto, escolher livremente como performar o seu gênero assim como se escolhe uma roupa de manhã.

Mas a própria colocação de Butler citada acima deixa claro que a repetição desses atos ocorre "no interior de uma estrutura reguladora altamente rígida", que limita, então, as performances possíveis e as formas como são entendidas culturalmente. Em outras palavras, essa "estilização repetida do corpo" só faz sentido em um contexto que dá significado a esses atos de acordo com um regime de normas e práticas culturais que medeiam e regulam o gênero.

Portanto, o gênero é concretizado em um contexto social que limita as formas de expressão possíveis e que compreende as diferentes performances segundo um viés socialmente estabelecido através do qual se dão as leituras de gênero dos corpos.

É equivocado, então, dizer que teorizar o gênero como performativo implica uma visão voluntarista em que qualquer agente

---

35. Ibid., p. 69.

é livre para performá-lo de acordo com sua vontade – ou dizer que Butler seria uma construcionista radical –, pois tais críticas "supõem que haja alguém por trás da construção, ao passo que, através da inversão de causa e efeito (o 'sujeito exerce o poder' vs 'o poder exerce o sujeito'), Butler teoriza o sexo e o gênero como sendo performativos".[36]

Vemos aí a situação se inverter, e o sujeito performativo passar a ser entendido como um produto das normas de gênero. Assim, as performances de gênero se consolidam em identidades fixas por meio da mobilização de discursos e epistemologias que buscam cristalizá-las em identidades naturalizadas e estáveis. Trata-se de discursos que procuram ocultar, por um processo de naturalização, o caráter histórico das normas e identidades produzidas por elas.

Essa noção pode, por sua vez, dar lugar a um equívoco oposto ao do entendimento voluntarista de gênero como uma performance realizada livremente por um ator, ou seja: enxergar o gênero como completamente determinado pelas normas que o precedem, o que tornaria qualquer resistência impossível.

Assim, se o sujeito é constituído por normas sociais, seria então determinado por elas e não teria, portanto, a capacidade de agir sobre elas e se constituir de outras formas. Esse é um equívoco também presente em críticas às elaborações de Foucault sobre a constituição do sujeito no contexto de relações de poder.

Mas, assim como Foucault, Butler entende que os efeitos do poder e os regimes discursivos que constituem os sujeitos estabelecem o contexto para a ação e a resistência por parte desses mesmos sujeitos, e não para seus limites. Ou seja, as normas sociais e os regimes discursivos nos constituem, mas não nos determinam. E há sempre a possibilidade de que nós possamos nos constituir de outras formas e confrontar os regimes normativos socialmente

---

36. Salih, 2012, p. 116.

instituídos. Além disso, o fato de que as normas de gênero nunca se reproduzem perfeitamente nos corpos significa que há espaço para contestação no interior dessa repetição que, para Butler, caracteriza o gênero. Ela afirma então que a restrição causada pelos regimes normativos não elimina nossa capacidade de agir, mas "localiza a agência como uma prática reiterativa ou articuladora imanente ao poder, e não uma relação de oposição externa ao poder".[37]

Seria possível, então, agir, subvertendo e confrontando as normas de gênero, mas apenas no contexto das relações de poder e das normas produzidas que dão ao gênero a sua inteligibilidade, e não a partir de uma exterioridade em relação a esse poder e essas normas – o que para Butler constitui uma impossibilidade, já que estamos imersos em relações de poder.

Porém, antes de adentrarmos a subversão dessas normas, gostaria de aprofundar um pouco as noções de Butler sobre a produção do gênero. Como já visto, ela entende o gênero como performativo, isto é, constituído por uma série de atos que reiteram as normas de gênero e dão a impressão de que ele é uma propriedade inerente a um "ser" por trás desse "fazer".

De acordo com ela, o primeiro ato performativo que constitui o gênero de um sujeito ocorre quando o médico proclama "é um menino" ou "é uma menina", ou seja, por meio da mobilização de discursos médicos e biológicos, o ser é enquadrado em uma categoria de gênero já associada a uma série de expectativas em relação a como se comportar, se vestir e se relacionar.

Em outros termos, a partir do momento em que alguém é nomeado como pertencendo a um gênero, receberá um nome compatível com ele e será interpelado a assumir esse gênero e a adotar certos comportamentos – com algumas expressões incentivadas e outras coibidas –, de forma a gerar performances de gênero concordantes com as normas dominantes. Assim, quando

---

37. Butler, 2011 p. 15, tradução minha.

a criança nasce, já a aguardam roupas que sinalizam o gênero que lhe foi atribuído e brinquedos condizentes com certas expectativas. À medida que se desenvolve, os incentivos que receberá procurarão fazer com que aja de acordo com o que é esperado desse gênero atribuído, e é por meio desses atos que o gênero se concretiza na prática e se materializa nos corpos para então ser naturalizado através da mobilização de discursos.

A ideia de que classificar um bebê como menino ou menina seria um ato performativo soa estranha para muitos, mas não seria essa a descrição de um corpo com base em características observáveis? Não seria esse enquadramento simplesmente a constatação de um fato biológico?

Butler argumenta que esse é um equívoco que parte da noção de que o sexo é uma noção neutra e puramente material, enquanto o gênero seria uma construção social sobre um corpo no qual o sexo já é dado anteriormente. Esta noção, porém, só faria sentido se pudéssemos falar de um corpo anterior a qualquer cultura e linguagem que o represente. Entretanto, o próprio ato de falar sobre o corpo não representaria uma inserção desse corpo na linguagem e, portanto, na cultura e nas normas que o tornam inteligível? E, se esse é o caso, não estaríamos falando em um corpo já atravessado e imbuído de significados culturais sempre que falamos dele? Se respondermos afirmativamente a essas perguntas, a noção de que seria possível conceitualizar um corpo pré-discursivo cai por terra.

Butler afirma que a ideia de que o gênero seria uma imposição cultural sobre um sexo já determinado é produto da distinção binária entre cultura e natureza, que "promove uma relação de hierarquia em que a cultura 'impõe' significado livremente à natureza, transformando-a, consequentemente, num Outro a ser apropriado para seu uso ilimitado", distinção que seria, ela mesma, produzida discursivamente.[38]

Mas a distinção entre cultura e natureza é um binário culturalmente produzido, frequentemente mobilizado pelo poder para fins políticos. Nas palavras de David Córdoba Garcia, "a natureza também desempenha um papel de base legitimadora da ordem social, na medida em que, seguindo um paradigma mais ou menos explicitamente evolucionista, a sociedade se define como atualização da natureza humana".[39]

Não é à toa que tantas hierarquias sociais têm sido historicamente justificadas com base em afirmações de que seriam um produto da natureza. É preciso, então, analisar essa naturalização como um produto de relações de poder e de regimes discursivos que visa legitimar a ordem social. A desnaturalização daquilo que é relegado ao domínio da natureza por determinados discursos é um processo importante para abrir possibilidades de deslegitimar e se opor às hierarquias que sustentam a ordem social.

Partindo dessa noção do sexo como discursivamente construído, Butler questiona se o que se chama de sexo não seria tão construído quanto o gênero. Para ela, poderia significar que, "a rigor, talvez o sexo sempre tenha sido o gênero, de tal forma que a distinção entre sexo e gênero se revela absolutamente nula".[40]

Como diz o filósofo espanhol Paul Preciado, "[n]ão há dois sexos, e sim uma multiplicidade de configurações genéticas, hormonais, cromossômicas, genitais, sexuais e sensuais.[41] Não há verdade empírica do gênero, do masculino e do feminino fora de um conjunto de ficções culturais normativas". Essas reflexões

---

38. Butler, 2018, p. 74.
39. Garcia, 2007, p. 25, tradução minha.
40. Butler, 2018, p. 27.
41. Preciado, 2018, p. 281.

podem ser inseridas em um debate mais amplo que vem questionando a elaboração da categoria "sexo" como pré-discursiva e natural, inclusive dentro da biologia.

As implicações dessa virada são tremendas. Se o sexo, como o entendemos, é um produto da mobilização de regimes discursivos que se dá através de processos sociais (o que era antes entendido como uma materialidade pré-discursiva e pré-cultural pela maior parte das pensadoras feministas), historicamente se torna, assim como a sexualidade, um novo campo em disputa.

Butler pontua então que, se o gênero não é apenas uma série de significados culturais impostos a um sexo que está além da cultura, seria importante perguntar através de que normas e processos ele se materializa.

Por mais contraintuitiva que essa noção pareça inicialmente, ela é fácil de entender quando compreendemos a produção dos discursos no campo da biologia como um processo social que, mesmo trabalhando com dados observáveis, envolve interpretações, classificações e revisões que não são objetivas em absoluto e podem ser efetuadas de diversas maneiras. Esse processo é afetado por valores sociais, discursos externos à biologia e interesses diversos. A construção do sexo na biologia, aliás, é algo sobre o qual muitos biólogos também já escreveram. Um exemplo é o livro da bióloga estadunidense Anne Fausto-Sterling (2000), *Sexing the body*, que analisa *como* noções culturais, externas à biologia, sobre como são e devem ser homens e mulheres terminam influenciando a construção do sexo nesse campo científico.

Além disso, o histórico da compreensão do sexo na biologia mostra como a definição dos conceitos envolvidos foi mudando ao longo do tempo e como, hoje em dia, caiu por terra a própria noção de que o sexo humano é binário e de que é possível dividir toda a população humana entre dois grupos distintos de machos e fêmeas.

Quando falamos de cromossomos, por exemplo, existem outras configurações além do XX e XY, como o XXY. Outros fatores, como a presença ou ausência do gene SRY, podem afetar o desenvolvimento sexual de um indivíduo. Ao falarmos da genitália e de gônadas, há diversas configurações possíveis. Uma pessoa pode, por exemplo, nascer com vagina e testículos. O sexo envolve também configurações hormonais e características sexuais secundárias, como distribuição de gordura, crescimento de pelos, seios e estrutura óssea, que apresentam grandes variações entre indivíduos e podem se combinar de diversas formas. Acrescente-se ainda que o desenvolvimento de um indivíduo particular não está determinado ao nascer, e pode ser alterado por uma série de fatores, conscientemente ou não.

Terapias de reposição hormonal ou o uso de bloqueadores de puberdade, por exemplo, são utilizados para diversos fins e afetam o desenvolvimento sexual de diferentes formas. Com toda essa variação, torna-se claro que não há uma única forma de classificação que não seja arbitrária e que represente uma inquestionável "verdade sobre o sexo". O que há, de fato, é uma diversidade de corpos e modelos classificatórios que procuram lidar com essa diversidade.

Seria ingênuo, então, analisar os conceitos produzidos pela biologia como se estivessem além da cultura e do discurso. O processo de construção do saber no campo da biologia é um processo social inserido *em* e afetado *por* toda uma rede de instituições, processos e discursos que agem sobre a construção desses saberes e conceitos.

Berenice Bento situa o crescimento dos esforços da biologia em diferenciar anatomicamente o homem e a mulher no séc. XVIII, período em que o biopoder, a classificação e a regulação da sexualidade estavam em plena ascensão. Em suas palavras: "por volta da segunda metade do século XVIII, as diferenças anatômicas e fisiológicas visíveis entre os sexos não eram consideradas, até que se tornou politicamente importante diferenciar biologicamente homens e mulheres, mediante o uso do discurso científico".[42]

Assim, não há um sexo binário e pré-discursivo sobre o qual construímos o gênero, e, mesmo se houvesse, não haveria a necessidade de derivar de determinado sexo um único gênero (da fêmea à mulher, por exemplo).

Portanto, voltando a Butler, quando dizemos que um ser humano é uma menina ou um menino, às vezes antes do nascimento, através de um ultrassom, realizamos um ato de fala performativo que não apenas nomeia mas atribui a um corpo um gênero determinado.

O sujeito, então, estaria sendo interpelado e chamado a assumir certo gênero de acordo com as normas sociais vigentes. Ao dizer que o sujeito é interpelado, Butler vale-se da noção althusseriana de interpelação. Para Althusser, a ideologia é o mecanismo de produção dos sujeitos em uma organização social, e a interpelação é uma forma de subjetivação por meio da qual subjetividades são reconhecidas de certa forma, determinada pela ideologia, e induzidas a se reconhecer a partir desse enquadramento e a se adequar aos seus imperativos. Como nos diz David Garcia, "A ideologia produz esses sujeitos mediante uma interpelação ou uma chamada a que se reconheçam e se situem no lugar necessário para as relações de produção".[43]

A partir do momento em que foi produzido um sujeito de determinado gênero, através de uma interpelação que é também um ato performativo, esse sujeito é chamado a assumir esse gênero. Ao adotar e seguir essas normas de gênero, o sujeito constitui e concretiza o *seu* gênero, que se inscreve agora no corpo. À medida que age de acordo com as normas associadas ao gênero

---

42. Bento, 2012, p. 25.
43. Garcia, 2007, p. 55.

que foi chamado a assumir ou em oposição a elas, a repetição desses atos vai dando forma ao gênero e ele assume um caráter cada vez mais material.

Para Butler, quando o sujeito age de acordo com as normas de gênero, está ao mesmo tempo reencenando uma série de normas culturais e legitimando-as. Essa repetição é, então, uma ação pública que cita as normas de gênero anteriores e as reproduz, mas também pode se desviar da norma.

Assim, o processo de reprodução e materialização das normas de gênero nunca é totalizante. Na verdade, nenhum sujeito consegue se adequar perfeitamente às normas de gênero e às expectativas as quais são submetidos, e há sempre aqueles que resistem a essas normas de forma deliberada e encontram maneiras alternativas de incorporação.

Quando olhamos para esses lapsos, "a matriz heterossexual se mostra uma lógica imaginária que insistentemente produz a sua própria impossibilidade de ser gerenciada".[44] Produz um ideal normativo impossível de ser reproduzido na prática com perfeição, o que significa que a sua materialização nos corpos se dá em conjunto com uma série de fissuras e desvios que podem se tornar um ponto de partida para uma resistência a essas normas. Há sempre, portanto, um espaço para contestação. Mas, para entender melhor como ela pode ser realizada, é preciso compreender as próprias normas de gênero e como elas são geradas por relações de poder.

De acordo com Butler, a "matriz heterossexual" consiste em um conjunto de normas que visa organizar os papéis de gênero e as relações entre os gêneros, de forma a produzir dois gêneros distintos, com papéis distintos e com o desejo orientado de um para o outro.

É, assim, um dispositivo normativo que opera primeiramente categorizando indivíduos que nascem dentro de um binário sexual. Para cada um dos sexos designados, é estabelecido um gê-

---

44. Butler, 1993, p. 183.

nero apropriado (homem ou mulher), e cada um dos gêneros é associado a uma série de normas que ditam os padrões de masculinidade (para homens) e feminilidade (para mulheres) nos quais essas pessoas devem se enquadrar.

As diferenças normativas entre os gêneros na matriz heterossexual se baseiam em um princípio de complementaridade e oposição que não apenas os distinguem, mas também estabelecem a heterossexualidade como norma. Ou seja, homens e mulheres devem se desejar, e, desse desejo, estabelecer relações não só sexuais, mas afetivas uns com os outros, sendo o matrimônio monogâmico entre um homem e uma mulher a forma mais valorizada de relação, em detrimento de outros arranjos.

Butler elabora essa perspectiva em diálogo com críticas e elaborações feministas anteriores, dentre as quais as realizadas pela feminista lésbica Monique Wittig, que ela cita diversas vezes ao longo de sua obra. Assim como outras teóricas associadas ao feminismo lésbico, como Adrienne Rich, Wittig contribuiu para um novo entendimento da heterossexualidade, ao apontar sua natureza compulsória. Segundo ela, "a heterossexualidade não seria exclusivamente uma prática sexual, mas um regime de poder", isto é, comporia um aparato de dominação que procura estabelecê-la como norma e punir aqueles que dela se desviam.[45]

Dessa concepção da matriz heterossexual, percebem-se duas características marcantes desse dispositivo. A primeira é que ele é binário, tendo como únicas posições de gênero possíveis o "homem" ou a "mulher". Como já vimos, essas posições são tidas como derivadas de um sexo biológico binário, naturalizado pela matriz heterossexual e encarado como um dado da natureza, de modo que, quando uma criança nasce, já está enquadrada em uma categoria de gênero que deve então ocupar.

---

45. Bento, 2012, p. 30.

Categorias de gênero não binárias não são contempladas por essa noção, da mesma maneira que não são contemplados aqueles sujeitos que visam ocupar uma posição de gênero diferente da que lhes foi atribuída ao nascer, ainda que seja uma posição que se encaixa nesse binário.

Por essa razão, uma pessoa trans desafia a matriz heterossexual ao reivindicar o seu gênero, mesmo que seja uma pessoa heterossexual cujo gênero é binário, pois tal reivindicação é uma rejeição do primeiro ato performativo constitutivo de seu gênero, que é o enquadramento em uma categoria de acordo com certas características físicas. Melhor dizendo, a reivindicação de gênero é uma recusa a ser interpelado nos termos do poder e da matriz heterossexual.

Porém, como a matriz heterossexual baseia as categorias de gênero em um sexo binário que seria um dado da natureza, aquelas de nós que nos recusamos a assumir a posição de gênero em que nos enquadraram ao nascer somos acusadas de estarmos lutando contra a natureza ou negando a realidade. Além disso, quando uma pessoa trans luta para adotar uma posição de gênero não binária, a luta é entendida, muitas vezes, como ininteligível, pois um gênero fora do binário não é sequer compreensível na matriz heterossexual.

Essa matriz é, então, o que regula a formação dos sujeitos sexuais e de gênero e a inteligibilidade desses sujeitos. Mas como se dá essa inteligibilidade? Quais são as consequências de performar o gênero de uma forma não inteligível?

A norma opera como um padrão social que forma sujeitos culturalmente coerentes e inteligíveis, ao mesmo tempo em que cria um local onde habita o "outro" – para onde são relegados aqueles sujeitos cujas vidas não se encaixam na norma. O sujeito é então formado por meio de "uma expulsão de elementos estranhos, mas é precisamente através dessa expulsão que o estranho se estabelece. A construção do 'não eu' como abjeto estabelece as fronteiras do corpo, que são também os primeiros contornos do sujeito".[46] Assim, a coerência desse sujeito é construída em relação a um "outro" fora da norma.

Desse modo, as normas que regulam a identidade operam também por meio de um processo de exclusão. Butler afirma que as consequências desse processo podem ser claramente observadas nos sujeitos "anormais" que têm a própria humanidade posta em questão pela maneira que vivenciam o seu gênero ou sexualidade. A construção do sujeito, do humano, seria então uma "operação diferencial que produz o mais ou menos 'humano', o inumano, o humanamente impensável".[47]

Assim, a matriz heterossexual produz uma série de normas através de discursos que permeiam a vida social e reproduzidos de forma dispersa por diferentes sujeitos, instituições e saberes (família, igreja, psiquiatria, psicologia), delimitando fronteiras que estabelecem os sujeitos inteligíveis e "normais" em relação aos sujeitos "anormais", desviantes e não inteligíveis.

Esses sujeitos habitam a abjeção, e é a fronteira entre o abjeto e o não abjeto que dá ao sujeito que nela se localiza a sua inteligibilidade ao mesmo tempo em que cria uma hierarquia que privilegia os sujeitos inteligíveis.

Aqueles que habitam o lugar do abjeto são frequentemente rotulados segundo discursos normalizadores de cunho moral, religioso, científico, que os torna "monstros", "aberrações", "psicóticos", "perversos", "pecadores", entre outros sujeitos abjetos. Em todos esses casos, como diz Butler, é a própria humanidade dessas pessoas que é posta em questão, pois as normas que conferem ao sujeito a sua humanidade são também normas sexuais, de gênero e raciais. A abjeção opera, então, uma função desumanizante.

---

46. Butler, 2018, p. 230.
47. Id., 2011, p. 8, tradução minha.

A relegação de um sujeito à abjeção tem consequências significativas em sua vida, podendo incluir diversas formas de violências, como a dificuldade de ter acesso a recursos, o ostracismo social e até mesmo a violência direta e o extermínio, resultado de "um mundo no qual alguém corre o risco de passar por sérias privações e violência física pelo prazer que procura, a fantasia que incorpora, o gênero que performa".[48]

Assim, as normas interagem entre si, estabelecendo hierarquias que distribuem tanto oportunidades, reconhecimento e recursos quanto precariedade, exclusões e violência, de acordo com a posição de diferentes subjetividades em relação às normas.

Berenice Bento usa o conceito de heteroterrorismo para se referir à intimidação, humilhação e violência usada para coibir performances de gênero que fujam das normas sociais e, dessa forma, regular o gênero e a sexualidade através da coerção. De acordo com ela, "há um heteroterrorismo a cada enunciado que incentiva ou inibe comportamentos, a cada insulto ou piada homofóbica".[49] O conceito permite evidenciar o caráter compulsório da matriz heterossexual.

Encontramos o heteroterrorismo desde os primeiros estágios de nossas vidas. Já na família e na escola, deparamo-nos com uma série de insultos e reprimendas quando desafiamos as expectativas e papéis de gênero que nos impõem ao nascermos. Assim, um garoto que quer brincar com maquiagem ouve dos pais que "isso é coisa de menina", e muitas vezes as recriminações são acompanhadas de violência física. Na escola, a garota dita masculina é chamada pejorativamente de "sapatão", e o garoto que tem trejeitos ditos femininos é chamado de "viadinho". O curioso

---

48. Id., 2004, p. 214.
49. Bento, 2012, p. 40.

nesses dois casos tão comuns é que comportamentos não sexuais relacionados à expressão de gênero são coibidos com insultos que se referem à sexualidade.

Dessa forma, procura-se regular a sexualidade e o gênero ao mesmo tempo, associando certas performances de gênero a categorias sexuais, ao passo que essas categorias ("viadinho", "sapatão") são usadas como insultos. Assim, coíbem-se simultaneamente certas performances de gênero e expressões de sexualidade.

Essa associação também ocorre porque os comportamentos não sexuais aparecem mais cedo, e a sexualidade geralmente se manifesta de forma mais privada. Procura-se então regular a sexualidade e o gênero principalmente através dos comportamentos mais facilmente observáveis, que são os não sexuais. Assim, "se meninos gostam de brincar de boneca ou meninas odeiam brincar de casinha, logo surgirá um olhar atento para alertar os pais de que seu/sua filho/a tem comportamentos 'estranhos' ".[50] E desse modo vai-se minando a subjetividade das pessoas submetidas a essas formas de abuso, que se veem pressionadas a se adequar aos moldes impostos.

Mesmo quando não somos diretamente constrangidos, a forma com tratam outros que "saem da linha" e como a eles se referem ou como os representam de forma derrogatória nos passa a mensagem de que também não devemos "sair da linha". Desse modo aprendemos a regular e a policiar nosso próprio comportamento e a esconder certas vontades, desejos e formas de agir para não sofrer constrangimento ou violência.

Como travesti, foi o que aprendi a fazer desde a época de minhas primeiras memórias, e foi o que continuei fazendo por mais de duas décadas, assim como outras.

Mas Butler afirma que, quando se trata de gênero e sexualidade, não é apenas a heterossexualidade que pode operar de

---

50. Ibid., p. 44.

forma excludente. Mesmo as identidades gays e lésbicas podem operar por meio de exclusões que relegam certas identidades e formas a serem abjeção. Um exemplo disso é quando essas identidades operam de forma a reiterar "a recusa em reconhecer a bissexualidade, assim como a interpretação normativa da bissexualidade como uma espécie de falta de lealdade ou de comprometimento – duas estratégias cruéis de apagamento".[51]

Bissexuais são frequentemente retratados como pessoas indecisas, não confiáveis, promíscuas e confusas em relação a sua identidade tanto por heterossexuais quanto por gays e lésbicas, como se essa fosse uma posição menos firmada, segura e legítima. Identidades gays e lésbicas também podem operar de forma excludente quando reproduzem discursos que excluem indivíduos trans que se identificam nessas categorias, assim como gays e lésbicas cis que saem com pessoas trans.

Muitos sujeitos enfrentam o dilema de se encaixar nas normas (mesmo sob um custo psíquico que pode impedi-los de viver uma vida vivível) ou enfrentar as consequências de serem relegados à abjeção. Se a relegação à abjeção pode nos ferir e restringir as possibilidades de uma vida digna, o enquadramento nas normas pode ter consequências devastadoras, além de limitar severamente nossas possibilidades de existência e formas de viver.

Apenas através de uma contestação dessas normas se torna possível abrir espaço para que outras formas de vida possam viver e prosperar sem ser alvo de violências, exploração e constrangimentos.

Temos, então, um esboço da conceitualização de Butler de como se constitui o gênero e o sexo de determinados sujeitos. Mas quais são, para ela, as perspectivas de ação que se abrem a partir dessas noções? Se a sexualidade e o gênero são constituídos a partir de uma série de atos performativos que operam com base em determinadas normas, o que isso significa para a ação política?

---

51. Butler, 2011, p. 112.

Primeiramente, significa que, se a própria constituição do gênero e da sexualidade é efeito do poder, esse processo se torna um campo de ação política em que essa constituição pode ser contestada – perspectiva que dialoga com as noções foucaultianas a respeito da formação do sujeito sexual. Dessa forma, é possível instaurar uma contraprodução que reformule as normas que produzem a identidade e, assim, estabelecer a produção de subjetividades em outros termos, que abram espaço para que aqueles que agora estão relegados à abjeção possam viver sem temer a violência que daí resulta.

Voltamos, então, à ideia de que as normas que constituem o sujeito criam também as condições para a sua subversão. Agora, podemos retomar a questão da contestação das normas de gênero e sexualidade a partir de um entendimento mais elaborado de como Butler compreende a construção dessas normas. Ela nos fornece uma pista sobre como realizá-la ao afirmar que, se não há sujeito anterior à sua construção nem sujeito determinado por ela, "[é] nesse espaço de ambivalência que se abre a possibilidade de remodelar os termos pelos quais o assujeitamento procede – e deixa de proceder".[52]

Na visão de Butler, a formação de sujeitos coerentes por intermédio da performatividade não é um processo fechado e determinado, mas com falhas e fissuras que permitem o surgimento de formas de nos constituirmos individual e coletivamente que, ao invés de simplesmente reiterar as normas de gênero, podem contestá-las.

Sendo assim, é preciso enfrentar as normas regulatórias no contexto em que *elas* se formam e que *nos* formam, ao agirem sobre nós. Essa é uma demanda política da qual não podemos escapar, na visão de Butler, pelo fato de que estamos imersos nessas normas, e mesmo as identidades subversivas e contestatórias se relacionam com elas de algum modo.

52. Butler, 2011, p. 124, tradução minha.

Pessoas trans, gays, lésbicas e bissexuais, homens "femininos" e mulheres "masculinas" são todos sujeitos que desafiam, em certa medida, as normas estabelecidas pela matriz heterossexual, mas que só fazem sentido dentro de certas noções culturais, por exemplo, do que é um homem ou uma mulher. Estamos, então, dentro dos termos do poder, que não cessam de ser disputados e reformulados através de um processo que envolve múltiplos eixos de normalização e resistência. É com essa condição que surge a "possibilidade de uma repetição da lei que não representa sua consolidação, mas seu deslocamento".[53] A partir dessa análise, seria possível elaborar uma forma de resistência que "consiste em *deslocar* categorias tais como 'homem', 'mulher', 'macho' e 'fêmea', revelando como elas são discursivamente construídas no interior de uma matriz heterossexual do poder".[54]

Então, parte do processo de subversão das normas e categorias de gênero consiste em revelar como elas são discursivamente e/ou performativamente produzidas. Essa desnaturalização é uma condição necessária para a subversão, pois aquilo que é naturalizado é visto como inevitável.

É preciso também tomar as nossas posições em relação às normas como ponto de partida para a sua contestação. Esse processo pode envolver, inclusive, a reapropriação ou mesmo a criação de novas identidades. Butler afirma que "Os termos *queens*, *butches*, *femmes*, *girls*, e até a reapropriação paródistica de *dyke*, *queer* e *fag*, redesdobram e desestabilizam as categorias sexuais e as categorias originalmente derrogatórias da identidade homossexual".[55] Ou seja, as mais diversas identidades que não estão em conformidade com a matriz heterossexual, inclusive as inicialmente

---

53. Salih, 2012, p. 65.
54. Ibid., p. 68.
55. Butler, 2018, p. 212.

derrogatórias, podem ser utilizadas para confrontar as normas de gênero e sexualidade, o que incluiu a reapropriação e ressignificação desses termos derrogatórios, caso do próprio termo *queer*.

Butler mostra, portanto, como diferentes identidades podem servir como ponto de partida para a própria subversão e para a formação de novas alianças políticas quando não são tratadas como identidades fundacionistas, e sim como processos de subjetivação performativos. A autora pontua que esse processo envolve a busca por uma forma de "ocupar esses lugares e submetê-los a uma contestação democratizante, na qual as condições excludentes de sua produção são perpetuamente retrabalhadas [embora nunca possam ser superadas] na direção de um quadro de coalizões mais complexo".[56]

Um ponto importante dessas formulações é que, assim como de grande parte dos autores *queer*, a crítica que Butler endereça às identidades – ao mostrar como são produto de um processo político e fundadas em normas que operam a partir de uma série de exclusões – não significa necessariamente a rejeição dessas identidades, mas pode envolver luta para ocupá-las com o objetivo de subvertê-las e abri-las a outras possibilidades, evitando fechamentos identitários que reforçam lógicas excludentes.

Afinal, como vimos, na perspectiva de Butler a subversão só pode ser realizada no contexto de nossas vidas, um contexto permeado por normas e relações de poder que nos constituem, mas que não nos determinam. Diz ela, então, sobre as categorias de gênero/sexualidade, que "é necessário aprender um movimento duplo para invocar a categoria e, então, instituir de forma provisional uma identidade e ao mesmo tempo abrir a categoria como um espaço de disputa política permanente".[57]

---

56. Butler, 1993, p. 115, tradução minha.
57. Id., 2011, p. 222, tradução minha.

A contestação perpétua da qual Butler fala é crucial para as lutas *queers*, pois todo processo de contestação de categorias de normas de gênero pode gerar novas exclusões e normas que, quando reificadas e ossificadas, se fecham a questionamentos que permitam lutar contra seus limites e violências.

Dessa forma, vemos em seu pensamento não apenas a desconstrução ontológica e a desnaturalização das categorias de gênero e sexualidade, mas também a perspectiva de uma ética e política não fundacionista, antinormativa e não teleológica, na qual tanto as identidades e coalizões envolvidas em processos políticos quanto os próprios objetivos que orientam suas lutas estão em um constante processo de ressignificação não guiado por nenhuma narrativa totalizante ou objetivo único e final. Temos, então, aqui, os elementos com os quais caracterizei a ética *queer*.

Nesse sentido, Butler revela a importância de que o uso do *queer* como "O lugar discursivo cujos usos não são completamente definidos a priori deve ser protegido não apenas com o propósito de continuar a democratizar a política, mas também para expor, afirmar e retrabalhar a especificidade histórica do termo".[58]

Veremos adiante a importância do empenho em contextualizar e retrabalhar a especificidade do *queer* para que ele não se torne uma teoria colonizadora a ser aplicada em diferentes contextos, como se houvesse uma universalidade inerente a ele e aos conceitos que dele derivamos que não fizesse com que ele fosse reapropriado, disputado e desviado na medida em que viaja por diferentes locais para ser capaz de lidar com as diversas realidades das dissidências de gênero e sexualidade mundo afora.

---

58. Butler, 2011, p. 230, tradução minha.

Elaborando as teorias
queers

Com o tempo, teóricos *queers* elaboraram as investigações iniciais desse campo e expandiram o escopo de suas análises sobre gênero e sexualidade em diálogo uns com os outros, com lutas *queers* e com outros campos. Essa expansão também partiu de uma série de críticas vindas de diferentes lugares, como os estudos e ativismo de pessoas trans, pessoas negras, indígenas, de diversas partes do mundo, dos estudos decoloniais e de diferentes correntes políticas como o marxismo e o anarquismo.

Essas críticas enriqueceram as teorias *queers* e fizeram com que passassem a levar mais a sério diferentes normas e marcadores de análise em suas elaborações e a confrontar certos pressupostos de parte da produção teórica *queer*, como o eurocentrismo e a branquitude presentes, que limitaram e ainda limitam grande parte de suas análises e aplicações em diferentes mobilizações, lutas e vidas.

Antes de me aprofundar nesses debates, porém, gostaria de acrescentar algumas elaborações de teóricos *queers* ainda focadas primariamente nas questões de gênero e sexualidade, mas que expandiram essas questões para além do que foi colocado até agora e aduziram novas dimensões e perspectivas de coalizão política e de contestação das normas de gênero e sexualidade.

Preciado e a biopolítica na era farmacopornográfica

Entre essas elaborações estão as análises do filósofo trans espanhol Paul Preciado, um dos teóricos *queers* mais conhecidos. Tomando Foucault como ponto de partida, ele chamou de "sexopolítica" as manifestações da biopolítica que regulam a sexualidade. Para ele, a sexopolítica faz com que as características sexuadas dos corpos, as práticas sexuais, as identidades de gênero e sexo e os códigos culturais de masculinidade e feminilidade passem a ser geridos pelo poder, "fazendo dos discursos sobre o sexo e das tecnologias de normalização das identidades sexuais um agente de controle da vida".[1]

Preciado chamou atenção para como a gestão biopolítica do gênero e da sexualidade no período pós-guerra, a partir dos anos 1950, passou a depender cada vez mais de representações propagadas por tecnologias multimídia e do crescente uso de intervenções que atuam diretamente sobre o corpo. Ele aponta, então, para uma expansão "da produção e da circulação em grande velocidade do fluxo de silicone, fluxo de hormônio, fluxo textual, fluxo das representações, fluxo de técnicas cirúrgicas, definitivamente, fluxo dos gêneros".[2]

Essa nova fase do capitalismo é o que ele chama de regime farmacopornográfico. O termo se refere, em suas palavras, "aos processos de governo biomolecular (fármaco-) e semiótico-técnico (-pornô) da subjetividade sexual".[3] Preciado dá uma grande atenção ao crescente uso de tecnologias que nos afetam no nível molecular.

---

1. Preciado, 2011, p. 11.
2. Ibid., p. 13.
3. Id., 2018, p. 36.

Dessa forma, ele procura pensar nos processos de subjetivação gerados por tecnologias que se integram aos nossos corpos e como tais processos são influenciados por normas de gênero e sexualidade e influenciam também os seus mecanismos de operação.

Aqui, é importante notar que a aplicação de novas tecnologias de subjetivação não surge como um substituto das tecnologias disciplinares anteriores, e sim como um complemento, de forma que há também uma interação entre elas na formação de sujeitos. Nesse processo, o dimorfismo sexual e a classificação de sexualidades consideradas normais ou desviantes passam a ser cada vez mais importantes, o que envolve uma série de técnicas aplicadas ao corpo para produzir fenótipos reconhecidos como femininos e masculinos e para agir sobre a sexualidade e a reprodução.

Essa série de intervenções sobre o corpo envolve a "medicalização e tratamento das crianças intersexos, gestão cirúrgica da transexualidade, reconstrução e 'aumento' da masculinidade e da feminilidade normativas, regulação do trabalho sexual pelo Estado, boom das indústrias pornográficas" através de tecnologias que operam uma gestão das subjetividades em sua dimensão corpórea.[4]

No caso de pessoas intersexo, essa gestão consistiu na aplicação de cirurgias "corretivas" em bebês para ajustar seus corpos a um binário sexual idealizado do qual suas existências escapam. Esses procedimentos têm sido realizados com base em critérios arbitrários e sem qualquer forma de consentimento. Por outro lado, hormônios e cirurgias foram oferecidos como tratamento para pessoas trans, através de serviços médicos, com a condição de que se enquadrem nas normas associadas ao gênero com o qual se identificam, mesmo quando suas vivências reais fogem com frequência dessas normas – como veremos mais à frente.

Por sua vez, a gestão dos corpos trans e intersexo gerou formas de resistência a essas dimensões da sexopolítica por parte

---

4. Id., 2011, p. 13.

dessas populações. Essa gestão é um produto e uma atualização da ideologia do dimorfismo sexual, que desencadeou uma crescente preocupação com o enquadramento de corpos designados biopoliticamente homens e mulheres dentro de um binário estrito a partir do século XVIII.

Nesse período, o desenvolvimento de tecnologias e descobertas na biologia nos deram as ferramentas para desenvolver um entendimento do sexo para além do dimorfismo sexual. Mas, como nos diz Preciado, os discursos biológicos, médicos e políticos preferiram "intervir diretamente nas estruturas dos seres vivos para construir artificialmente dimorfismo sexual", principalmente com o apoio da indústria médica e farmacêutica, a desenvolver uma epistemologia alternativa e multimórfica (em vez de dimórfica) para compreender o corpo.[5]

Preciado afirma, então, a importância da indústria farmacêutica no desenvolvimento de tecnologias de subjetivação que vão caracterizar o capitalismo farmacopornográfico, ao qual também se refere como "biocapitalismo contemporâneo". Ele chama também atenção para a crescente difusão de representações audiovisuais facilitadas por novas tecnologias de comunicação.

Como resultado, um fluxo cada vez maior de imagens e representações, e um fluxo de substâncias químicas que agem no nível molecular, se complementam e movimentam, juntos, fluxos de capital, ao mesmo tempo em que operam uma gestão das subjetividades e das populações.

Essa produção da masculinidade e da feminilidade não é algo que se limita aos corpos trans e intersexo. Cada vez mais, passa-se a utilizar tecnologias de gênero para modelar corpos de sujeitos designados como homens e mulheres e enquadrá-los melhor em ideais de masculinidade/feminilidade, adaptando-os a diferentes fluxos e ritmos. Tais tecnologias envolvem o uso de hormônios

5. Preciado, 2018, p. 115.

(testosterona, estrogênio, progesterona), diversos outros farmacêuticos (Viagra, anfetaminas, pílulas anticoncepcionais, antidepressivos) e uma variedade de cirurgias para moldar os corpos – com a utilização de tecnologias de comunicação (em especial a televisão e, hoje em dia, a internet) para fazer circular representações ideais de masculinidade e feminilidade. Dessa forma, passa-se a produzir uma tecnomasculinidade e uma tecnofeminilidade.

Os esteroides anabolizantes que entraram no mercado farmacêutico a partir dos anos 1960, por exemplo, produzem uma versão tecnologicamente amplificada de um ideal de masculinidade representado por figuras como Arnold Schwarzenegger. Por outro lado, implantes de silicone e cirurgias plásticas permitem moldar o corpo feminino de acordo com uma imagem idealizada de feminilidade, complementados muitas vezes por farmacêuticos como remédios de emagrecimento.

Para Preciado, a pornografia desempenha um papel importante nesse processo por meio da difusão de representações via tecnologias de comunicação. A pornografia é caracterizada por ele como um dispositivo masturbatório virtual cujo objetivo é produzir a masturbação planetária multimídia através da circulação de imagens definidas por sua "capacidade de estimular, independentemente da vontade do espectador, os mecanismos bioquímicos e moleculares que regem a produção do prazer".[6] Essa capacidade da imagem pornográfica faz com que ela própria se incorpore aos corpos, agindo no nível molecular e afetando-os, assim como os hormônios que cada vez mais operam na gestão e produção de subjetividades.

Assim, as representações do sexo que circulam através da pornografia produzem determinadas territorializações da masculinidade e da feminilidade, ao mesmo tempo em que mobilizam os circuitos globais de excitação-frustração-excitação ligados aos

---

6. Preciado, 2018, p. 281.

fluxos de capital. Esses circuitos objetivam realizar a potência de excitação contida nos corpos, o que Preciado chama de *potentia gaudendi*, para gerir e direcionar os seus efeitos, que por sua vez servem de combustível para mobilizar esses mesmos circuitos. Essa potência não é limitada a nenhum gênero ou sexualidade e está presente em todos os corpos, podendo ser animada e transformada em capital ao mobilizar os circuitos de excitação--frustração-excitação.

Desta forma, no capitalismo farmacopornográfico, os sujeitos se tornam reservas dessa potência que, ao ser mobilizada, mobiliza fluxos de capital e gera processos de subjetivação. Na visão de Paul Preciado, "O sexo, os assim chamados órgãos sexuais, o prazer, a impotência, a alegria e o horror são deslocados para o centro da gestão tecnopolítica assim que a possibilidade de lucro da força orgásmica entra em jogo".[7]

Outra característica da pornografia é que ela transforma a sexualidade em um espetáculo público, o que implica a capacidade de troca no mercado global. Por sua vez, para Preciado, a representação adquire um *status* de pornografia quando torna público o que supostamente pertenceria à dimensão do privado. Se a pornografia funciona como espetacularização do sexo, ela revela, através dessa espetacularização, o caráter performativo do sexo, que ocorre pela repetição regulada. Porém, para o autor, a pornografia passa a ser não apenas algo que opera a partir dos próprios paradigmas, mas um paradigma a ser seguido pela própria indústria cultural. A "pornografia – que sexualiza a produção e converte o corpo em informação – oferece de uma forma particularmente clara a chave para compreender qualquer outro tipo de produção cultural pós-fordista".[8]

7. Ibid., p. 48.
8. Ibid., p. 287.

Enquanto a pornografia se torna um paradigma para a indústria cultural, o trabalho sexual se torna um paradigma para todo o trabalho, principalmente a partir da virada neoliberal do capitalismo, que traz consigo um desmonte do Estado de bem-estar social e dos direitos trabalhistas, em conjunto com uma série de mudanças no mercado de trabalho.

Características associadas ao trabalho sexual, como "falta de segurança, venda de serviços corporais e emocionais a preço baixo, desvalorização social do corpo que executa o trabalho, exclusão do direito de residência", passam a adquirir um caráter cada vez mais estrutural, embora não sejam de forma alguma novidade no capitalismo.[9] Por outro lado, as características valorizadas em quem exerce o trabalho sexual, como flexibilidade, disponibilidade total e alto grau de adaptabilidade, passam a se tornar cada vez mais necessárias para a adaptação a um mercado de trabalho cada vez mais instável e competitivo.

Preciado faz notar, então, a necessidade de dar atenção "à materialidade do corpo, à gestão de sua vulnerabilidade e à construção cultural de possibilidades de sobrevivência dentro dos processos de subjugação e organização política".[10]

Se suas elaborações sobre as mudanças provocadas pela fase farmacopornográfica do capitalismo nos permitem repensar o capitalismo e a gestão biopolítica dos corpos, também nos permitem pensar novas formas de resistência alinhadas com as reflexões de Foucault e Butler.

Ao dar ênfase à dimensão corpórea da produção de subjetividades, Preciado afirma que é possível tomar as análises butlerianas sobre o caráter performativo do gênero e aprofundá-las com as lições da feminista Donna Haraway para buscar uma compreensão "da dimensão semiótico-técnica dessa produção performativa:

---

9. Ibid., p. 311.
10. Ibid., p. 360.

levando a hipótese performativa para ainda mais fundo no corpo, tanto quanto seus órgãos e fluídos: colocando-a em células, cromossomos e genes".[11] Para ele, então, o gênero é prostético, ou seja, só se dá na materialidade dos corpos, e é, ao mesmo tempo, orgânico e construído. A fim de ilustrar essa dimensão prostética, ele compara o gênero com um dildo, afirmando que, na dimensão material, ambos desestabilizam distinções binárias como aquelas entre o que imita e o que é imitado, a referência e o referente, a natureza e o artifício.

Mas se as intervenções sobre os corpos nos revelam outra face do biopoder, também nos mostram a plasticidade e maleabilidade dos corpos sexuados. Preciado cita, como exemplo, as mudanças corporais experienciadas por pessoas transexuais e transgêneros produzidas de forma deliberada através do uso de hormônios e outras intervenções sobre o corpo.

A partir dessa forma de conceitualizar a sexopolítica e o regime farmacopornográfico, que atualizou as manifestações da gestão de gênero e sexualidade que caracterizam a Modernidade, Preciado visualiza estratégias políticas que tomam como ponto de partida a reapropriação e subversão de tecnologias de gênero por diversos movimentos.

Para ele, se a sexopolítica é um lugar em que estratégias de poder produzem determinados processos de subjetivação, ela pode também se tornar "o espaço de uma criação na qual se sucedem e se justapõem os movimentos feministas, transexuais, intersexuais, transgêneros, *chicanas*, pós-coloniais [...]".[12] O conjunto de subjetividades e coalizões que se formam nesses processos é o que ele chama de "Multidão *queer*". Essa multidão não consiste apenas em um movimento ou grupo definido, mas em uma série de movimentos e subjetividades em devir e em processo de criação

---

11. Preciado, 2018, p. 121.
12. Id., 2011, p. 14.

e formação de alianças que visam elaborar estratégias de resistência contra as formas de dominação biopolítica contemporâneas. Assim, vemos que "identificações estratégicas, desvios das tecnologias do corpo e desontologização do sujeito da política sexual são algumas das estratégias políticas das multidões queer".[13]

Citando movimentos como Act Up, Lesbian Avengers e Radical Fairies, ele afirma que a potência de suas mobilizações está na apropriação de locais abjetos "para fazer disso lugares de resistência ao ponto de vista 'universal', à história branca, colonial e *straight* do 'humano'".[14]

Ou seja, os movimentos, subjetividades e mobilizações que compõem o que Preciado chama de multidão *queer* são aqueles que transformam a sua posição de abjeção em relação às normas em um lugar de resistência e recusa à assimilação, transformando as próprias identidades abjetas em identidades não fundacionistas e situadas, que mobilizam suas lutas. Aqui, vemos novamente surgirem os três pontos que distinguem a ética *queer*. Além do antifundacionismo que marca a base identitária desses grupos e sua postura de resistência e questionamento das normas que os caracterizam como abjetos, temos um processo aberto de confronto e criação cujos objetivos e princípios coletivos dependem das coalizões e alianças formadas e subjetividades envolvidas.

Preciado acredita que uma das tarefas desses movimentos contemporâneos é a apropriação e subversão dos processos por meio dos quais se produz a subjetividade, tarefa esta alinhada com as estratégias butlerianas de subversão de gênero.

Ao falar sobre o que acredita ser o trabalho do feminismo, Preciado pontua a necessidade "abrir a caixa-preta dos processos de

---

13. Ibid., p. 15.
14. Preciado, 2011, p. 15.

construção do gênero e da sexualidade que, se são construídos, podem ser desconstruídos, reconstruídos, manipulados, transformados etc.".[15]

Mas se há uma clara semelhança entre o que Preciado e Butler propõem, há também diferenças. A primeira delas é que Preciado dá um destaque maior à própria produção do corpo sexuado através de diferentes tecnologias de gênero desenvolvidas a partir do séc. XX, que, para ele, devem ser apropriadas por diversos movimentos.

Segundo Preciado, "o corpo da *multidão* e as redes farmacopornográficas que o constituem são laboratórios políticos, ambos efeitos de processos de sujeição e controle de espaços possíveis de agenciamento político e de resistência crítica à normatização".[16] Ele propõe, então, uma política de experimentação que envolve a circulação, a produção e o compartilhamento de diferentes tecnologias de subjetivação como forma de constituir subjetividades e alianças em oposição à ordem social.

As duas últimas citações fazem mais sentido quando as colocamos no contexto de *Testo Junkie*, o livro do qual foram retiradas, onde Preciado desenvolve com mais profundidade a ideia de um regime farmacopornográfico. O livro é uma mistura de produção teórica com relatos pessoais onde o autor elabora análises à medida que relata suas experiências com a autoaplicação de testosterona. Assim, ele usa as tecnologias aplicadas em indivíduos trans dentro de um sistema médico normativo – que enxerga nossa transgeneridade como uma patologia a ser tratada e as utiliza como hormônios para nos "adequar" a uma noção estereotipada de um gênero "oposto" ao que nos atribuíram ao nascer. Contudo, recusando as noções patologizadas do que é ser trans, Preciado usa a testosterona para reconstituir a si mesmo

---

15. Id., 2014, p. 4.
16. Id., 2018, p. 366.

nos próprios termos, transitando para fora do gênero feminino sem nunca se identificar totalmente como homem ou adotar as narrativas médicas que visam definir nossas subjetividades.

O processo de transição de Preciado não parte, portanto, da identificação com um gênero "oposto" ao que lhe foi designado, e sim de um processo de experimentação e desidentificação que toma a forma de um devir e uma fuga de gênero. Ele retira a testosterona do contexto em que ela passou a ser originalmente aplicada a sujeitos trans, e ao mesmo tempo nega as narrativas associadas a esse uso médico.

Ele chama então de performatividade *queer* "esse tráfico de ficções por meio do qual certos enunciados de gênero são extirpados da autoridade do discurso médico" para serem usados por sujeitos que se recusam a se submeter aos termos dessa autoridade.[17]

Dessa forma, se o discurso médico procura definir e regular certas subjetividades mediante uma combinação de outros discursos que produzem efeitos de verdade e de tecnologias que procuram moldar subjetividades de acordo essas verdades, Preciado afirma que é possível nos apropriarmos dessas tecnologias e produzirmos contradiscursos, tirando os médicos e outras autoridades de uma posição de poder para falar sobre nós e tirando-nos da posição de objeto para sermos sujeitos que moldam suas subjetividades e se definem em seus próprios termos. O resultado é uma multidão de potências de vida não representáveis, que se afirmam em sua diferença irredutível e desafiam as epistemologias sexopolíticas baseadas na diferença sexual, no dimorfismo do sexo e de gênero e confrontam a ordem social que busca gerir nossas vidas.

Por meio da performatividade *queer*, os corpos "anormais" elaboram uma insurreição contra os regimes de normalização e as autoridades que os sustentam. Esses corpos dissidentes efetuam

17. Preciado, 2018, p. 403.

também "uma transformação na produção, na circulação dos discursos nas instituições modernas (da escola à família, passando pelo cinema ou pela arte) e uma mutação dos corpos".[18] A multidão *queer* de Preciado não é então baseada em nenhuma identidade particular, e sim em uma multiplicidade de corpos que se levantam contra os regimes normativos que os classificam e hierarquizam.

Esses corpos que constituem são, para ele, corpos que resistem às políticas assimilacionistas que "concedem o 'reconhecimento' e impõem a 'integração' das 'diferenças' no seio da República".[19]

Preciado também acredita que o processo de resistência às normas passa pela produção de novos saberes e práticas que rompam e que sirvam como contraposição aos saberes que as sustentam. Se esses corpos se levantam contra os regimes de normalização e seus efeitos de verdade, a rejeição a esses regimes é acompanhada de uma contraprodução que emerge como alternativa.

Essa produção de "formas de prazer-saber alternativas à sexualidade moderna" é chamada, por ele, de contrassexualidade.[20] Assim, a contrassexualidade não é apenas uma "contradisciplina sexual", mas também "uma teoria do corpo que se situa fora das oposições homem/mulher, masculino/feminino, heterossexualidade/homossexualidade", sendo um de seus objetivos contestar a territorialização do corpo por formas de sexualidade hegemônicas que operam em um binário que privilegia a genitália dita masculina e feminina como centro do prazer sexual.[21]

Nesse sentido, ele propõe um processo de experimentação de práticas que possibilitem essa sexualização do corpo e o rompimento com as limitações de uma sexualidade heteronormativa e

---

18. Id., 2011, p. 17.
19. Ibid., p. 18.
20. Id., 2004, p. 22.
21. Ibid., p. 22.

restritiva. Mas, como nos diz, a produção hegemônica do sexo não é apenas restritiva, mas uma forma de gestão sexopolítica que faz parte de um aparato de dominação.

Dessa forma, "Os papéis e as práticas sexuais, que naturalmente se atribuem aos gêneros masculino e feminino, são um conjunto arbitrário de regulações inscritas nos corpos que asseguram a exploração material de um sexo sobre o outro".[22] Essa regulação envolve uma configuração do corpo que, além de privilegiar os ditos órgãos sexuais (como se qualquer órgão não pudesse potencialmente ser sexual), produz também uma territorialização específica da boca e do ânus que procura fazer "coincidir certos afetos com determinados órgãos, certas sensações com determinadas reações anatômicas".[23] Essa territorialização do corpo produz o "corpo *straight*" (hétero) e opera como uma tecnologia de subjetivação diretamente ligada à produção e gestão biopolítica dos gêneros.

O desenvolvimento de práticas contrassexuais se torna, então, uma ferramenta de subversão do gênero e do sexo e um ponto de contestação de determinada produção de papéis de gênero construídos performativamente por meio de práticas sexuais e tidos como naturais. Assim, em vez de se limitar a criticar uma territorialização específica da sexualidade, Preciado procura desenvolver na prática formas de desterritorialização da sexualidade hegemônica.

Nas elaborações que abordei do autor, os elementos da ética *queer* se fazem bem presentes. O antifundacionismo, ao estabelecer uma luta *queer* travada não por uma identidade, mas por uma multidão de corpos em devir; a antinormatividade que define esses corpos por sua posição em relação aos regimes normativos que realizam a gestão da sexopolítica; e o antiassimilacionismo que os coloca em posição de confronto com esses regimes. Assim,

---

22. Ibid., p. 26.
23. Preciado, 2014, p. 25.

podemos ver que, apesar de suas diferenças em relação à Butler, há uma continuidade em ambos os autores tanto nos temas abordados quanto em elementos éticos que identifico como um dos fios condutores das lutas e teorias *queers*. A conexão entre a ética *queer* e as lutas e teorias *queers*, assim como a importância dessa ética para elas, é o que pretendo aprofundar à medida que novas lutas e autores entram em cena neste livro.

Teorias *queer* e as lutas trans: diálogos, divergências e convergências

Entre os possíveis sujeitos *queers* estão as pessoas trans, cujos discursos, ativismo e luta têm tido uma relação complexa e, às vezes, turbulenta com as teorias *queers*. Quando falo de pessoas trans, refiro-me a todos os indivíduos que não se identificam com o gênero que lhes foi atribuído ao nascer, dentre as quais me incluo. Essa é a definição mais comum da palavra "transgênero", e é uma definição que abarca pessoas transexuais e pessoas que não se identificam com esse termo. Um bom ponto de partida para falar sobre as pessoas trans sob a ótica da política e da produção teórica *queer* é problematizar os termos "transgênero" e "transexual", situando-os em seu contexto histórico.

Vivências de gênero que fogem da matriz heterossexual, na qual um bebê com pênis é designado um menino que deve ser tornar um homem (masculino heterossexual) e um bebê com vagina é designado uma menina que deve se tornar uma mulher (feminina heterossexual), ao longo do tempo existiram e existem em diferentes culturas. O próprio binário de gênero que divide a humanidade entre homens e mulheres não é de forma alguma universal.

Apesar disso, as noções de transexualidade e transgeneridade são recentes na história e também sofreram e sofrem mudanças ao longo de sua trajetória. No mundo ocidental, a vivência de pessoas que rejeitam o gênero que lhes foi atribuído ao nascer e expressam o desejo de viver como outro gênero foi inicialmente entendida pela comunidade médica a partir da noção de transexualidade. É importante então situar historicamente essa identidade, pois como nos diz Berenice Bento: "Quando se retira o conteúdo histórico dessa experiência, apagam-se as estratégias de poder articuladas para determinar que a verdade última desses sujeitos está no seu sexo".[24]

O termo surgiu, inicialmente, na comunidade médica, de modo que a transexualidade passou a ser entendida como uma doença, uma patologia a ser tratada. Assim, foi estabelecido um processo de busca por suas causas, por formas de classificar o sujeito transexual e de "tratar" essa nova "patologia". Como resultado, os saberes médicos passaram a produzir discursos sobre a transexualidade, à medida que foram sendo estabelecidas instituições que ofereciam serviços médicos para pessoas transexuais enquanto se procuravam produzir certas subjetividades.

O termo "transexual" foi usado pela primeira vez pelo sexólogo David Cauldwell, em um artigo publicado em 1949. Seria popularizado mais tarde pelo sexólogo Harry Benjamin, um dos pioneiros no atendimento a pessoas trans. Em 1966, Benjamin publicou o livro *O fenômeno transexual*, no qual apresenta sua visão sobre o sujeito transexual, segundo a qual ele seria um produto de fatores puramente biológicos, estabelecendo também parâmetros para decidir quais das pessoas que lhe procuravam solicitando tratamento seriam "transexuais de verdade".

Esse modelo patologizante disseminado por Benjamin e outros profissionais é "ao mesmo tempo libertador para muitas pessoas trans, já que lhes explica cientificamente o que lhes ocorre, tira delas a culpa, uma vez que é biológico, e lhes oferece um tratamento, ainda que lhes roube a agência".[25] Ou seja, por um

---

24. Bento, 2012, p. 24.
25. Macías, 2013, p. 60, tradução minha.

lado, o modelo fornece uma explicação para pessoas trans que as livra de culpa pela sua condição e abre a possibilidade de que seu desconforto diminua. Por outro, as pessoas trans passam a ser explicadas por discursos médicos, definidas por uma condição patológica e sujeitas a serem julgadas como sendo ou não transexuais "verdadeiros" por profissionais médicos. Dessa forma, somos inocentados pelos nossos desejos, mas perdemos a agência para nos definirmos em nossos próprios termos.

Esse caráter duplo do modelo se reflete na ambiguidade da relação que a pessoa trans tem tido com profissionais médicos, vistos tanto como aliados na luta pelo acesso a serviços de saúde e no combate a certos discursos transfóbicos que rejeitam a ideia de transição quanto como reguladores das subjetividades trans que nos relegam à dimensão patológica e julgam quem deve ou não ser considerado um "verdadeiro transexual" em conformidade com normas criadas por profissionais como Benjamin.

Eles passam, por sua vez, a regular quem pode ter acesso aos serviços médicos associados à transição. Nas palavras de Beatriz Pagliarini Bagagli, "nessa posição, os profissionais de saúde mental atuam como fiscais de gênero, demarcando quais identidades e/ou narrativas de pessoas são válidas ou não para receberem o atendimento que demandam".[26]

Dessa forma, em qualquer lugar onde tais regulações operam, apenas as pessoas trans que se encaixam em certas normas são consideradas legítimas, e essas normas são baseadas em noções de gênero "tradicionais" e binárias que não abarcam a diversidade concreta das vivências de pessoas trans. Uma mulher transexual legítima seria então aquela que busca se aproximar ao máximo de uma mulher cisgênera heterossexual, e um homem transexual,

---

26. Bagagli, 2016, p. 96.

aquele que se molda no homem cisgênero também heterossexual. Desvios dessa norma são considerados suspeitos e podem fazer a diferença entre obter ou não um laudo psiquiátrico.

Além de julgar nossas existências de acordo com uma visão médica patologizante e cisgênera, os profissionais de saúde que adotam essa posição de fiscais usam classificações que ignoram completamente como as pessoas trans negociam e significam as suas identidades individual e socialmente.

Assim, é comum ver médicos afirmarem que uma mulher trans sente desconforto com a sua genitália e quer removê-la, enquanto uma travesti pretende mantê-la. Segundo essa visão, as identidades "travesti" e "mulher trans" são mutuamente excludentes e baseadas em um critério objetivo, que seria a relação dessas pessoas com a genitália. Entre pessoas trans, porém, é comum ver mulheres trans que pretendem manter a sua genitália, travestis que não pretendem fazê-lo. Além do mais, a identidade travesti tem passado por várias ressignificações e pode ser entendida de diferentes formas de acordo com o contexto sócio-histórico e o entendimento pessoal de diferentes travestis. Muitas de nós, por exemplo, entendem a própria identidade como um gênero feminino que não se enquadra no binário homem-mulher. Por outro lado, é comum ver travestis que se identificam como travestis e como mulheres, de forma que a construção de sua subjetividade como travesti e como mulher é um único processo. Assim, a travestilidade seria uma mulheridade-outra.

O que parece ser constante na identidade travesti é a sua multiplicidade e a dificuldade de enquadrá-la em uma definição, mesmo que provisória e contextual. Aqui, vale mencionar que a noção de travesti foi a única noção de vivência trans que chegou até mim em minha infância e a primeira que associei ao meu desconforto em relação ao gênero que me foi imposto. Essa noção chegou a mim a partir de representações estigmatizantes na mídia e de piadas que ouvia da boca de colegas de escola, que sempre associavam a ideia de ser travesti a estereótipos negativos. Como diz Viviane Vergueiro, "costuma-se associar as vivências travestis aos hormônios, às cirurgias plásticas, às ruas em que o sexo é negociado, aos assassinatos cotidianos, além de diversos termos ofensivos relacionados a estas pessoas".[27]

Além das associações relacionadas à marginalidade, lembro-me muito bem de piadas associando travestis ao ridículo, ao falso e inautêntico e zombando de homens que se atraem por travestis, o que é frequentemente ligado a uma ideia de enganação e que representaria uma ameaça à heterossexualidade desses homens. Assim, um homem heterossexual que sente atração por uma travesti tem a sua sexualidade questionada.

O horizonte que eu enxergava então, ao refletir sobre a possibilidade de uma transição, era o de uma escolha entre aceitar uma imposição de gênero e viver em estado de permanente desconforto, autopoliciamento e sofrimento ou ser relegada a uma dimensão abjeta que me tornaria alvo de escárnio, ódio e desprezo e impossibilitaria qualquer tipo de elaboração de vida fora da marginalidade. Mesmo com essa carga negativa, era a única noção que eu tinha para pensar minha vivência de gênero e foi a partir dela que comecei a pensar a minha relação com as normas de gênero.

Apenas com o passar dos anos noções como "transexualidade" e "transgeneridade" chegaram a mim, e só com o fim da adolescência e a passagem para a vida adulta que fui ter contato com outras pessoas trans e suas realidades e encontrar novas referências de vida trans – que eram tão raras e difíceis de encontrar antes.

É necessário, portanto, entender o processo de identificação de pessoas trans como algo que envolve dinâmicas sociais e individuais e está em constante mudança, na medida em que as normas e o nosso entendimento sobre gênero e essas diferentes identida-

---

27. Vergueiro, 2015, p. 168.

des mudam com a passagem do tempo e em diferentes contextos. Esse processo não pode ser capturado por normas médicas que procuram classificar identidades a partir de uma noção a-histórica e universalizante que trata as identidades como algo já dado.

Essa visão médica também não tem espaço para vivências que fogem do binário, uma vez que julga as vivências trans a partir do pressuposto de que o binário de gênero é universal. Dessa forma, grande parte dos profissionais de saúde que avaliam pessoas trans escondem seus pressupostos normativos por trás de uma suposta objetividade e neutralidade científica que de fato não existe. Nas palavras de Berenice Bento, "O único mapa seguro que guia o olhar do médico e dos membros da equipe são as verdades estabelecidas socialmente para os gêneros. Não existe um só átomo de neutralidade".[28]

Assim, qualquer pessoa trans que passe por uma avaliação para obter um laudo que lhe permitirá acessar certos serviços será julgada de acordo com o quanto ela se aproxime de um ideal de feminilidade/masculinidade. Será observado como ela se porta, caminha, se veste e como são seus gestos e modos de falar. Serão também avaliados seus *hobbies*, interesses e sua vida amorosa e sexual.

Nessa avaliação, a relação da pessoa com a sua genitália é de grande importância. É esperado que um "verdadeiro" homem trans ou uma mulher trans tenham uma relação de desconforto em relação a ela (de preferência desde criança) e pretenda fazer uma cirurgia de redesignação. Uma pessoa trans que se sente confortável com sua genitália é vista com suspeita, e uma pessoa que sinta prazer em usá-la sexualmente se torna ainda mais suspeita.

O sofrimento também é um ponto importante da narrativa médica e patologizante a respeito das vivências trans, pois é esperado que a relação das pessoas trans com seu gênero e corpo sejam marcadas por grande sofrimento, como se a única justifica-

---

28. Bento, 2012, p. 111.

tiva possível para uma transição seja o alívio de um sofrimento que só pode se dar dessa forma. Pessoas que não parecem estar sofrendo em razão de sua transgeneridade têm sua vivência questionada e muito possivelmente desqualificada.

Mas como já foi mencionado, as nossas vivências transbordam e escapam das limitações desse olhar patologizante. Vemos mulheres trans felizes com seus órgãos genitais, homens trans que realizam a transição de gênero e masculinizam seus corpos, mas performam uma feminilidade e se sentem bem assim, pessoas que fogem ao binário, pessoas de todas as sexualidades possíveis e que, muitas vezes, não sentem nenhuma necessidade de mudanças corporais através de hormônios ou cirurgias.

Dessa forma, ao contrário da visão dos profissionais de saúde que coordenam a maior parte dos serviços públicos na área, não há uma trajetória única possível de transição nem uma forma correta de ser trans. O que há, na prática, é uma multiplicidade de sujeitos negociando suas subjetividades e suas relações com seus corpos e com o meio em que vivem. Apesar disso, agir em conformidade com narrativas médicas e reproduzir seu discurso têm sido uma estratégia adotada por pessoas trans para ter acesso aos serviços médicos.

Vemos, então, pessoas trans procurando se adequar a noções de um "verdadeiro transexual" em ambulatórios e fornecendo a profissionais de saúde as narrativas que eles esperam ouvir como estratégia para lidar com essa regulação de subjetividades e com o controle do acesso aos serviços de saúde.

Outro problema das narrativas médicas é a tendência a desprezar os aspectos sociais da transexualidade, frequentemente atribuindo o sofrimento de pessoas trans apenas a sua condição como transexual e ignorando como as normas de gênero afetam vidas trans. Ao falar sobre as classificações que orientam psiquiatras que lidam com pessoas trans, Bélen Macías afirma que "se comete um erro pouco casual: a confusão dos efeitos da transfobia com a transexualidade. Invisibiliza-se a violência social exercida sobre quem não se adequa às normas de gênero".[29]

Dessa forma, a transexualidade acaba sendo tratada como uma questão puramente clínica, embora se trate de fato de algo com grandes implicações sociais. Não é possível abordá-la sem abordar as normas de gênero que caracterizam as nossas vivências como "suspeitas", "artificiais" e "ilegítimas", enquanto as vivências cis são colocadas como evidentes e "naturais".

É a nossa posição em relação às normas de gênero que faz com que pessoas trans sejam expulsas de casa, não consigam completar os estudos, sejam excluídas do mercado de trabalho e se tornem alvo frequente de diversas formas de violência. Assim, vemos existências atravessadas por violências mediadas também por outros fatores, como, por exemplo, classe e raça, que marcam as instituições pelas quais temos que navegar.

A partir da necessidade de resistir às violências, pessoas trans passaram a se organizar e a desenvolver lutas coletivas para obter condições de sobrevivência e acesso a serviços médicos, enfrentando as diferentes formas de discriminação e criando redes de apoio. Esse processo envolveu o questionamento tanto dos discursos médicos que procuram definir o que seria um "transexual verdadeiro" quanto das normas de gênero que visam estabelecer o que é homem e o que é mulher e negar a possibilidade de qualquer vivência que fuja desse binário.

Os movimentos que emergiram a partir da luta de pessoas trans passaram a "apontar para a existência de um controle de seus corpos e identidades pelo poder biomédico e psiquiátrico", apontamento que veio junto com novos discursos, narrativas

---

29. Macías, 2013, p. 58, tradução minha.

e perspectivas que vão além da medicalização da transexualidade, procurando abranger as diferentes formas de existência de pessoas trans.[30]

Nas palavras de Belén Macías, "A evolução dos discursos levou a um questionamento da autoridade da medicina como determinante da legitimidade das identidades trans e ao uso das tecnologias de modificação sexual como caminhos pelos quais é obrigatório transitar".[31] Dessa forma, o modelo patologizante e as normas de gênero dicotômicas da medicina se tornaram um alvo desses discursos. Ao longo desse processo, surgiram também novas terminologias e identidades, à medida que pessoas trans começaram a criar os próprios termos para se definirem e para falarem sobre suas experiências. Cisgeneridade e transgeneridade estão entre os conceitos mais importantes criados por este processo.

Em sua versão mais abrangente, como na articulada por Leslie Feinberg, o termo "transgênero" designa várias experiências de dissidência de gênero que incluem não apenas pessoas transexuais, mas também *drag kings*, *drag queens* e *cross-dressers*, entre outras. O uso tem como objetivo criar coalizões mais amplas entre pessoas transexuais e outros sujeitos políticos que desviam da norma de gênero. Mas a utilização mais popularizada e difundida para "pessoas trans" visa designar aquelas pessoas que não se identificam com o gênero que lhes foi atribuído ao nascer. Nesse caso, o termo transgênero é menos amplo do que no uso anterior, mas ainda abrange a vivência de todas as pessoas que recusam o gênero que lhes foi imposto, incluindo, assim, homens e mulheres transexuais, travestis e pessoas não binárias, entre outras vivências.

O termo também se afasta de qualquer noção patológica e abre espaço para que pessoas trans definam suas vivências em seus próprios termos. Um dos resultados é que muitas pessoas

---

30. Bagagli, 2016, p. 88.
31. Macías, 2013, p. 77.

que antes se definiriam como transexuais passaram a rejeitar essa definição em razão do seu histórico médico, e a se identificar apenas como pessoas transgêneras, grupo no qual me incluo.

Nas palavras do autor *queer* e trans Jack Halberstam, o termo transgênero é, em parte, "um termo vernacular desenvolvido em algumas comunidades de gênero para descrever experiências de identificações trans de pessoas que podem não aceitar todos os protocolos e restrições da transexualidade".[32] Mesmo assim, muitos ainda veem valor em se identificar como transexual e, dessa forma, manter o foco na explicação científica de suas vivências de gênero, embora a identificação com esse termo não implique necessariamente uma visão patológica ou mesmo científica a respeito da transexualidade.

Apesar do seu histórico como forma de nomear uma patologia, a noção de transexualidade tem também sido ressignificada por aqueles que se identificam com o termo, que deixou de ter a carga patológica de antes para grande parte das pessoas que o utilizam.

Esses diferentes usos e apropriações de termos identitários pelo ativismo trans são uma demonstração de como a identidade pode ser usada de forma estratégica e está sempre aberta a novos significados sem necessariamente recair em essencialismos. Também podemos notar, nesse processo, como uma mesma categoria identitária tem sentidos muito diferentes para diferentes pessoas, e, apesar de novos sentidos surgirem com o tempo, vários deles podem conviver lado a lado. Assim, como diz Butler, a identidade é resultado de processos políticos e sociais, e não algo que os antecede.

Nesse sentido, Jack Halberstam sugere o uso do termo *"trans*"* como uma forma de categorização que implica a própria transitividade e a abertura de novas possibilidades e ressignificações dessa identidade. Para ele, o asterisco "evita todo o senso de

---

32. Halberstam, 2005, p. 53, tradução minha.

saber antecipadamente o significado dessa ou daquela forma de variação de gênero e, o que talvez seja mais importante, torna as pessoas trans* as autoras de suas próprias categorizações".[33]

Na produção discursiva de ativistas e autores trans, os termos "cisgênero" e "cisgeneridade" surgem como contraponto à noção de "transgeneridade". Por cisgênero entende-se uma pessoa que se identifica com a categoria de gênero a ela atribuída ao nascer, ainda que rejeite imposições e expectativas associadas a essa categoria. Assim, como diz Bagagli, o termo "emerge nesse discurso como uma forma de marcar a diferença em relação a 'transgênero' ou 'transgeneridade' ".[34]

Por meio da criação desses termos, pessoas trans nomearam não apenas a si mesmas e suas vivências dissidentes como também a norma, ao dar o nome de "cisgeneridade" para aquelas vivências que, até então, eram as únicas consideradas válidas e "normais" e para as normas que sustentam essa posição ontológica privilegiada. O processo de nomear a norma é um passo importante para desnaturalizá-la e destituí-la desse *status* de privilégio.

Como nos diz Jota Mombaça, "A não marcação é o que garante às posições privilegiadas (normativas) seu princípio de não questionamento, isto é: seu conforto ontológico, sua habilidade de perceber a si como norma e ao mundo como espelho".[35] Se as nossas vivências trans são marcadas, e a nossa transgeneridade é interpelada pela sociedade cisgênera, o ato de nomear a norma "é devolver essa interpelação e obrigar o normal a confrontar-se a si próprio, expor os regimes que o sustentam, bagunçar a lógica de seu privilégio, intensificar suas crises e desmontar sua ontologia dominante e controladora".[36]

---

33. Id., 2018, p. 4.
34. Bagagli, 2016, p. 91.
35. Mombaça, 2021, p. 75.
36. Ibid., p. 76.

Assim, revela-se que a cisgeneridade não é mais "natural" ou "normal" do que a transgeneridade. Esse termo gerou certa resistência em algumas pessoas cis, que frequentemente se opõem à sua caracterização como "homens cis" ou "mulheres cis", como se bastasse apenas chamá-los de homens e mulheres, e só pessoas trans tivessem que ser marcadas e nomeadas por sua divergência em relação à norma.

A transfeminista Viviane Vergueiro entende a construção analítica da cisgeneridade como uma forma de resistência, em oposição a epistemologias que procuram delimitar identidades a partir de uma posição de autoridade. Para ela, então, a elaboração desse conceito se alinha a perspectivas críticas que "procuram utilizar categorias na medida em que elas são úteis e potentes na produção (discursiva material, cultural) de resistências".[37] A autora contrasta essas perspectivas com a de epistemologias acadêmicas que procuram estabelecer definições fixas e disciplinadas de categorias colonialmente construídas.

Ela aponta que a cisgeneridade pode ser caracterizada a partir de três traços interdependentes que estabelecem a legitimidade de certas vivências de gênero em detrimento de outras. Esses traços são a "pré-discursividade, a binariedade e a permanência dos gêneros".[38] A pré-discursividade pode ser caracterizada como o entendimento cultural de que o sexo e o gênero precedem qualquer produção discursiva e podem ser definidos a partir de critérios objetivos, noção criticada anteriormente por Butler.

Assim, seria possível definir categorias de sexo e gênero de um indivíduo a partir de certos critérios imutáveis e características corporais independentemente de qualquer contexto sociocultural ou da percepção das pessoas sobre si mesmas. Para ela, a pré-discursividade está relacionada à colonização de pessoas e cor-

---

37. Vergueiro, 2015, p. 45.
38. Ibid., p. 61.

pos gênero-inconformes mediante "instrumentos de poder-saber que atribuem a pessoas especialistas definições 'oficiais' de sexo-gênero – e a violências médicas exercidas contra várias destas pessoas através de procedimentos cirúrgicos não consentidos".[39]

Dessa forma, a pré-discursividade esconde a construção discursiva do sexo e do gênero ao mesmo tempo em que autoriza especialistas a defini-los em conformidade com critérios supostamente objetivos, inclusive a exercer violências de acordo com essas noções, que também definem o que é um corpo "normal" e "anormal".

O segundo traço é a binariedade, que parte do pressuposto de que os corpos e gêneros "normais" são os que se enquadram em um binário no qual de corpos "machos" surgem "homens" e, de corpos "fêmeas", "mulheres". Aqui, notamos também como a construção da cisgeneridade como norma está intimamente ligada à matriz heterossexual elaborada por Butler.

O terceiro traço constitutivo da cisgeneridade, que Vergueiro chama de permanência, refere-se à ideia de que corpos normais apresentam uma coerência fisiológica ou psicológica relativa ao seu pertencimento a uma categoria de "sexo biológico".[40] Consoante com a ideia de permanência, espera-se que essa coerência "se manifeste nas expressões e identificações vistas como 'adequadas' para cada corpo de maneira consistente através da vida de uma pessoa".[41]

Essa ideia influencia os critérios a partir dos quais médicos julgam as vivências trans como "legítimas" ou "ilegítimas" e atuam como fiscais de gênero segundo essa visão. Por isso, quando criticamos as normas que constituem a cisgeneridade, questionamos também a noção de que as diferentes vivências trans, em toda a

39. Ibid., p. 63.
40. Id., 2015.
41. Ibid., p. 66.

sua diversidade, constituem de alguma forma algum tipo de "desvio" – patológico ou não – em relação a um caminho determinado que esse corpo supostamente deveria tomar.

A contraprodução discursiva de pessoas trans criou, ainda, o termo "cisnormatividade" para denominar as normas de gênero que constituem a normatividade cisgênero e colocam apenas essas vivências como legítimas e autênticas, seja negando a legitimidade dos discursos e vivências de gênero de quem não se enquadra na cisgeneridade, seja considerando as pessoas trans como legítimas somente quando se enquadram em determinadas normas cisgêneras.

Resulta dessas normas que as vivências de pessoas trans são caracterizadas por uma luta constante contra estereótipos degradantes e inferiorizantes que procuram enquadrar nossas vidas em normas cisgêneras e tratam as nossas vivências como delírios, imoralidade ou falsidade.

Assim, apenas confrontando a cisnormatividade podemos sair do lugar de abjeção que querem que ocupemos e abrir espaço para a proliferação de vivências trans em toda a sua beleza, potência e multiplicidade – vivências indiferentes aos olhares estigmatizantes e patologizantes da cisgeneridade.

As implicações do questionamento da cisnormatividade vão muito além daquilo que diz respeito apenas às pessoas trans. Ao contestar a noção de que uma pessoa deve ser enquadrada em determinada categoria de gênero a partir de certas características físicas, questiona-se a base da matriz heterossexual. De outra parte, ao afirmar as suas vivências como legítimas, pessoas trans levantaram também um questionamento sobre o que é ser homem e o que é ser mulher. Afinal, não é possível aceitar a legitimidade das vivências trans sem questionar a relação entre os corpos e o gênero. Como nos diz Vergueiro, "percebemos que definições possíveis da cisgeneridade se situam nas 'decorrências normativas' entre 'sexo' e 'gênero', nas supostas coerências pré-discursivas, binárias e permanentes entre 'macho+homem' e 'fêmea+mulher' ".[42] Assim, a inteligibilidade cisgênera pressupõe também uma inteligibilidade heterossexual.

No processo de afirmação de suas subjetividades, muitas pessoas trans passaram a questionar o próprio binário de gênero e a reivindicar a legitimidade de vivências fora desse binário, o que põe em xeque outro aspecto da matriz heterossexual: o binarismo de gênero. Assim, a vivência de pessoas trans e sua afirmação provocam deslocamentos nas normas que dão ao gênero a sua inteligibilidade. Esse processo tem tido um efeito desestabilizador na base da matriz heterossexual e no entendimento cultural a respeito do gênero, que hoje perdeu parte da ilusão de sua naturalidade e da sua aura de permanência e imutabilidade, o que tem gerado grande ansiedade e ressentimento nos setores conservadores da sociedade, que veem nossas vivências como uma deturpação ou profanação de uma "ordem natural dos gêneros".

A partir do questionamento do binário de gênero vindo da produção discursiva de pessoas não binárias, abre-se a possibilidade de que essas vivências possam falar por si mesmas. No momento, ainda há pouca compreensão a respeito de tais vivências, e a disputa no campo simbólico é necessária para gerar essa compreensão e abrir espaço para outras formas de vida em uma cultura que permanece fortemente marcada pela divisão binária de gênero.

O debate em torno das normas de gênero de forma geral, e da cisgeneridade e cisnormatividade em particular, pode parecer, às vezes, muito abstrato, uma vez que grande parte das pessoas trans se encontram em condição de precariedade, mas é preciso relembrar que a precariedade e as diversas formas de violência e exclusão sofridas por nós não podem ser entendidas fora do contexto da cisnormatividade e das normas de gênero de maneira geral.

42. Vergueiro, 2015, p. 57.

É então a nossa condição de dissidentes de gênero que nos relega a um lugar de abjeção e nos tira a humanidade, que nos torna ininteligíveis e transforma nossos corpos em violáveis, ainda mais quando não nos enquadramos nas normas raciais, sexuais e de capacidade, entre outras.

Por isso, questões de empregabilidade, acesso à educação e a serviços de saúde, de discriminação e violência transfóbica estão intimamente ligadas a normas de gênero que excluem e subalternizam vivências trans e a como elas dialogam com outras normas e dinâmicas sociais. Essa relação se torna evidente quando constatamos, por exemplo, que a maior parte das pessoas trans assassinadas são pobres e negras, o que significa que a violência transfóbica não afeta igualmente todas as pessoas trans. Como pessoa trans branca e com acesso a recursos aos quais a maior parte não tem, é evidente como esses fatores me protegem da discriminação, da violência transfóbica e da precariedade que marca tantas vidas trans, ainda que essa proteção tenha limites.

Assim, Viviane Vergueiro aponta a ligação entre a elaboração crítica das diferentes formas de violência e exclusão que sofremos como pessoas trans e a capacidade de elaborar resistências e mudar nossas realidades ao afirmar que o conceito de cisgeneridade surge a partir de consciências críticas atravessadas por violências, mas também de "um desejo, cada vez mais premente e articulado, de rompimento com os silêncios diante das violências gênero-colonizantes".[43]

E é em virtude da importância de falarmos e sermos reconhecidas em nossos próprios termos que uma das principais lutas do movimento trans é para conseguirmos que as nossas vivências sejam reconhecidas social e legalmente, condição básica para uma vida com dignidade.

43. Vergueiro, 2005, p. 52.

Nesse sentido, os laudos psiquiátricos baseados em uma visão específica e restritiva da transexualidade, utilizados para regular o acesso a tratamentos médicos, são igualmente usados para regular quem pode ou não ter seu gênero legalmente reconhecido. A ausência do reconhecimento legal do gênero e do nome de pessoas trans dificulta, portanto, o acesso a serviços e gera uma série de constrangimentos – realidade em grande parte dos países onde o reconhecimento legal de nosso gênero ainda é dependente desse laudo.

No Brasil, a mudança de nome e gênero sem laudo passou a ser permitida em 2018, quando iniciei minha transição de gênero. Apesar disso, o processo ainda é muito burocrático e exige o pagamento de taxas que impedem o acesso a essas mudanças.

Essas diferentes reivindicações são também acompanhadas por debates culturais e outras formas de ação que buscam mudanças sociais que não ocorrem apenas na esfera legislativa e que são essenciais em qualquer processo emancipador. Afinal, a conquista de alguns direitos e o reconhecimento por parte do Estado pouco fazem para combater a violência contra dissidentes se a cultura, as normas e as relações sociais (que são a origem dessa violência) permanecem intocadas. Na perspectiva *queer*, são justamente essas mudanças que expandem as possibilidades de diferentes lutas coletivas, permitindo que tomem rumos para além da conquista de direitos em um sistema já estabelecido.

Por mais que os direitos conquistados façam uma diferença concreta em nossas vidas, eles não atacam as raízes das questões que enfrentamos, pois elas não são consequência exclusiva das normas que compõem a matriz heterossexual e mantêm a cisgeneridade como referência. Envolvem também uma série de outras normas que se entrelaçam e se constituem mutuamente como relações econômicas que produzem precariedade e exploração, normas raciais e os profundos efeitos do colonialismo e da colonialidade que moldaram e moldam nossas vidas – e que sustentam e são sustentados pelas mesmas instituições que nos garantem direitos legais.

Assim, é preciso ir além da luta por direitos, mas sem deixar de reconhecer sua importância estratégica. Temos de permanecer atentos para não nos restringirmos a ela e reproduzirmos, de outra forma, políticas assimilacionistas que se limitam à integração na sociedade em que vivemos – políticas amplamente criticadas por aqueles que mobilizam a teoria *queer*.

Nesse ponto, não se trata de travar luta por mudança por fora das instituições em paralelo à luta por direitos, mas também de questionar como se dá a própria luta por direitos e reconhecimento pelas instituições e quais são as consequências inesperadas que podem surgir como resultado.

Como diz Leandro Colling, é preciso estar atento ao fato de que certas estratégias políticas "reforçam normas ou instituições consideradas disciplinadoras das sexualidades e dos gêneros".[44] É a partir dessa perspectiva crítica que diversos ativistas trans, muitas vezes influenciados pela teoria *queer*, têm lutado pela despatologização das identidades trans. No entanto, ainda existe, entre muitas pessoas trans, certa resistência em relação à despatologização, pois o laudo psiquiátrico seria uma estratégia para a obtenção de serviços médicos através dos sistemas públicos de saúde. Com base nesse argumento, o laudo seria uma necessidade, pois sem ele não haveria como justificar o fornecimento de serviços relacionados à transição, tais como atendimento psicológico, terapia hormonal e cirurgias.

A experiência de se submeter ao processo de obtenção do laudo tira a agência de pessoas trans e a coloca na mão de profissionais de saúde. Além disso, aceitar relegar vivências trans a uma patologia é esvaziar a transgeneridade e a transexualidade

---

44. Colling, 2015a, p. 239.

de todo o seu caráter histórico, permitindo, em certa medida, que sejamos definidas por normas médicas e cisgêneras e não por nossas próprias narrativas múltiplas. Ao fazermos isso, fortalecemos as instituições usadas para definir, regular e gerir nossas subjetividades em seus termos e ao custo de nossa agência. Com essas críticas em mente, coletivos *queer* e trans têm demandado a despatologização de identidades trans e procurado formas de permitir o acesso aos tratamentos associados à transição sem a necessidade de um laudo.

Muitas pessoas engajadas nessa luta afirmam que os tratamentos deveriam ser oferecidos por serviços de saúde pública sem a necessidade de definir uma patologia e que a legislação deveria ser alterada para permitir essa possibilidade. Já outras afirmam que o laudo pode ser desprovido de seu caráter disciplinador, ressignificado e usado como um instrumento a serviço da agência das pessoas trans. Beatriz Bagagli, por exemplo, afirma que o laudo deveria "ser esvaziado de seu conteúdo de verdade enquanto constatação de uma doença e ser visto como um instrumento biopolítico que deve estar à disposição daquele sujeito que um laudo atesta".[45]

Essas duas estratégias explicitam diferentes formas de lidar com a questão do acesso aos serviços de saúde sem reforçar as instituições médicas e suas normas excludentes. Explicitam ainda formas de rejeitar uma definição única, estável e universal de sujeitos trans, abrindo espaço para novas ressignificações e usos estratégicos da identidade. Além de serem estratégias alinhadas com perspectivas *queer*, são um exemplo de como uma ética *queer* pode contribuir para a elaboração de estratégias concretas por diferentes grupos que se situam fora das normas de gênero e

---

45. Bagagli, 2016, p. 97.

sexualidade. Mas se muitas pessoas trans encontraram um alinhamento com as teorias *queers* em certos pontos, não foram poucas as críticas levantadas por pessoas trans às perspectivas *queer*.

Autores como Viviane Namaste (1996) e Jay Prosser (1988) têm criticado a teoria *queer* por usar as pessoas trans como exemplo de subversão do gênero e do caráter construído do gênero, ao mesmo tempo em que, muitas vezes, ignora a experiência concreta de pessoas trans e suas prioridades e necessidades e não se engaja com perspectivas e autores trans.

Algumas dessas críticas, como as de Prosser, chamam atenção, segundo Hines, para "as contradições entre narrativas transgêneras de autenticidade e a desestabilização da identidade como forma de categorizar pela teoria *queer*".[46] Nessas narrativas trans, o que vemos frequentemente são pessoas com uma identificação de gênero estável, mas que difere daquela que a sociedade lhes impôs, e que lutam para que seu gênero seja reconhecido como autêntico, assim como o das pessoas cis é reconhecido.

Quando levamos em conta essa luta por reconhecimento, é compreensível que diversas pessoas trans se sintam desconfortáveis com a desconstrução do gênero efetuada pelas teorias *queers*. Além disso, perspectivas que colocam o gênero como instável podem ser usadas para negar a necessidade de pessoas trans de reivindicar a legitimidade de suas vivências de gênero e fazer modificações corporais se essas perspectivas não dialogam com perspectivas e experiências trans.

Outra crítica às perspectivas *queers* alinhadas com as críticas colocadas por autores como Viviane Namaste é que o foco dessas perspectivas na subversão das normas de gênero, por vezes, "atribui superioridade moral ao objetivo queer de contestar categorias de gênero e caracteriza transexuais que querem viver como ho-

---

46. Hines, 2006, p. 51, tradução minha.

mens e mulheres ordinários como conservadores de gênero".[47] Assim, a celebração da contestação aberta das normas de gênero pode acabar criando uma hierarquia que desvaloriza pessoas trans que procuram viver o seu gênero de forma mais convencional. Essa crítica se torna ainda mais relevante quando levamos em conta o fato de que se enquadrar nas normas de gênero é, muitas vezes, uma estratégia de sobrevivência para pessoas trans, pois quanto mais visíveis somos e mais abertamente desafiamos as normas de gênero, mais expostas estamos à violência.

Além disso, reivindicar nossas vivências já é por si só uma contestação das normas de gênero que querem atrelar certos gêneros a certos corpos. Para a pesquisadora Sally Hines, não há sentido em criar um binário entre identidades trans subversivas e conformistas, o que, além de criar uma hierarquia desnecessária, é uma caracterização que não reflete como as pessoas trans negociam as suas identidades. Para ela, essas identidades têm relações diversas com as normas de gênero e são "formadas através de e também em oposição a discursos e práticas médicas, e são negociadas dentro de redes e relações afetivas e íntimas".[48]

Essas considerações chamam atenção para a importância de situar as elaborações das teorias *queers* nas necessidades reais dos dissidentes de sexo e gênero, mantendo um diálogo com sua realidade para que elas possam se tornar uma ferramenta a ser utilizada em diferentes lutas e se adaptem às necessidades que surgem.

As críticas feitas por pessoas trans enriqueceram muito o diálogo sobre o gênero na teoria *queer* e para além dela. Se muitas pessoas trans sentem receio em dialogar com ela, não são poucas as que encontram nela e nos movimentos *queers* uma potência positiva e ferramentas poderosas para criticar e pensar o gênero e articular suas lutas.

47. Elliot, 2010, p. 37, tradução minha.
48. Hines, 2006, p. 64.

Para a autora trans estadunidense Susan Stryker, a teoria e as mobilizações *queers* que se estabeleceram em oposição a regimes normalizadores, em vez de focar exclusivamente na conquista de um conjunto de proteções de minorias vulneráveis, mudaram a política lgbt+ nos Estados Unidos e na Europa. Ao fazer isso, "o movimento *queer* abriu as portas para que pessoas transgênero fizessem a declaração premente de que elas também se indignavam politicamente contra um regime heteronormativo opressor".[49] Esse contexto seria uma das influências dos estudos transgênero.

Autores trans como Paul Preciado, Jack Halberstam, Hija de Perra, Sayak Valencia, Helena Vieira e Beatriz Bagagli são também ativistas *queer*, e têm participado da construção desse diálogo – com o qual espero contribuir de alguma forma com este trabalho. Um dos frutos desse diálogo é o transfeminismo, que faz uma crítica às noções de gênero estabelecidas a partir de perspectivas trans e é fortemente influenciado pelos estudos *queers*.

No entendimento de Bagagli, o transfeminismo pode ser pensado como um "movimento feminista capaz de compreender a diferença trans no sexual, no sexo, na sexualidade, ou simplesmente no gênero para além da patologia através da crítica ao cissexismo, cisnormatividade ou cisgeneridade compulsória".[50] Mas se o transfeminismo incorpora as críticas ao gênero feitas por pessoas trans, ele reivindica uma luta coletiva de escopo mais amplo e aberta a diversas alianças. Para Belén Mácias, além de visibilizar as experiências trans e criticar o binarismo de gênero e sexual, o transfeminismo deve ser uma luta integradora e transformadora que envolve também raça e classe, entre outras questões, e "nos faz ver e viver as interseções nos corpos e sexualidade".[51]

---

49. Striker, 2021, p. 20.
50. Bagagli, 2016, p. 91.
51. Macías, 2013, p. 89.

Dessa forma, se a relação entre a teoria *queer* e as perspectivas trans tem se estreitado – à medida que se desenvolvem e encontram novos caminhos e mutuamente se entrelaçam e se enriquecem –, essas perspectivas também bebem do feminismo e dialogam com suas correntes, contribuindo, assim, para repensar alguns pressupostos de certas teorias feministas. Vergueiro aponta que, se o transfeminismo deriva grande parte de sua potência das lutas feministas e da teoria *queer*, "também é necessário que as perspectivas críticas sobre identidades de gênero trazidas por transfeminismos transformem, em alguns graus e formas, as epistemologias feministas e queer".[52]

Esse diálogo indica não só o enriquecimento do pensamento *queer*, feminista e trans, mas também a possibilidade de múltiplas alianças concretas a partir dele. A autora também mostra a possibilidade de que essas alianças possam produzir um horizonte de lutas e mobilizações dos movimentos trans não limitadas à assimilação pelo capitalismo neoliberal e à conquista de direitos e marcos legais, mas sempre aberta à possibilidade de novos rumos.

Nesse sentido, alinho-me com Jack Halberstam, para quem o uso do termo "trans*" se refere a uma série de dissidências de gênero e a "uma política baseada na instabilidade geral da identidade e orientada para a transformação social, e não para a acomodação política".[53]

Cabe agora aos que estão envolvidos no processo de elaboração dessas lutas decidir que rumos lhes dar, que coalizões se formarão e quais estratégias podem ser adotadas para evitar que esse processo simplesmente resulte na geração de novas exclusões ou na assimilação de novas normas de gênero mais expansivas no interior de uma política identitária integrada à lógica da máquina de moer do capitalismo neoliberal.

52. Vergueiro, 2015, p. 190.
53. Halberstam, 2018, p. 51, tradução minha.

Confrontando a ordem colonial

A relação entre as mobilizações trans e a teoria *queer* torna evidente a importância de enraizar as teorias acadêmicas nas vidas e lutas das diferentes subjetividades *queer*. Quando essa relação é rompida, as teorias perdem sua potência subversiva e seu propósito, tornando-se pouco mais do que uma produção autorreferente que serve apenas aos acadêmicos e à academia. Pior ainda, as teorias podem facilmente se tornar uma forma de apropriação das vivências de diferentes sujeitos usando-as como base para uma produção acadêmica alheia às suas vozes e necessidades. Assim, os questionamentos, problematizações e críticas, que emergem de diferentes pontos, permitem que teorias mantenham seu compromisso com a mudança social, questionem as próprias exclusões e fortaleçam suas análises e métodos de produção em resposta.

Se as críticas apontadas por sujeitos trans tiveram um papel importante nesse sentido, é preciso também falar sobre as críticas vindas de sujeitos não brancos; sujeitos negros, asiáticos, latinos etc. que questionaram a branquitude de grande parte da teoria e das mobilizações *queers*. Essas vozes também apontaram para o fato de que grande parte dos teóricos *queers* tem ignorado ou dado pouca atenção às questões de classe. Ao deixar de dar atenção a essas questões, a teoria *queer* corre o risco de reforçar as exclusões sociais que deveria combater e de se tornar mais uma ferramenta que pouco serve aos *queers* de classe trabalhadora e/ou não brancos, ou seja, sua maioria.

Aqui, é importante mencionar que, apesar da crescente elaboração das teorias *queers* que confrontam a branquitude, a produção acadêmica *queer* continua majoritariamente branca, o que se deve em parte às desigualdades sociais que regulam e limitam o acesso à academia, mas também ao fato de que muitas pessoas não brancas não veem a teoria *queer* como algo relevante para suas vidas e realidades. Até mesmo a produção latino-americana e brasileira tem permanecido branca, em sua maior parte, como apontam Caterina Rea e Izzie Amancio.

Temos, então, que apontar a necessidade de fortalecer a elaboração de certas problemáticas no interior das teorias *queers*, uma vez que, no momento, "a temática do cruzamento entre produção de identidades sexuais e de gênero dissidentes, colonialidade e opressão de raça/etnia ou classe apresenta-se menos desenvolvida".[1] Apesar disso, as contribuições de autores que têm questionado essa branquitude e desenvolvido investigações que elaboram esses temas expandiram as possibilidades de análise e de aplicação prática dos estudos *queer* nas diferentes lutas sociais.

A emergência do *queer of color*

Uma das vozes que contribuiu para esse debate foi Cathy Cohen, que criticou o ativismo *queer* por, frequentemente, privilegiar em excesso as questões de sexualidade de forma desvinculada de outros aspectos que formam subjetividades e geram hierarquias violentas, criando uma versão simplificada da opressão na qual "todos os heterossexuais são representados como dominantes e controladores e todos os *queers* são entendidos como marginalizados e invisíveis", sendo os *queers*, nesse apontamento, percebidos primariamente como dissidentes sexuais.[2]

---

1. Rea e Amancio, 2018, p. 6.
2. Cohen, 2005, p. 18, tradução minha.

Essa forma de caracterizar a opressão em muitas manifestações das mobilizações *queers* impede-nos de enxergar as diferentes dinâmicas de poder e exclusões e como seus distintos aspectos interagem entre eles e geram realidades com as quais nenhuma teoria que se limite a analisar um (ou dois) vetor(es) de identidade conseguirá lidar.

Essa crítica se alinha com a de Nikki Sullivan, que aponta a impossibilidade de tratar os diversos marcadores de diferença separadamente. Para ela, a conexão entre esses marcadores significa que qualquer tentativa de combater a heteronormatividade precisa lidar com "questões de raça e sua relação histórica e culturalmente específica com a sexualidade e o gênero".[3]

Assim, Cohen chama atenção para a vida de sujeitos "mulheres (principalmente mulheres não brancas) que recebem benefícios do governo, que podem se enquadrar na categoria heterossexual mas cujas escolhas sexuais não são percebidas como normais, morais ou dignas de apoio por parte do governo", perguntando também como os ativistas *queers* pretendem entender e se relacionar politicamente com aqueles que se entendem como *queer* mas dão importância política a outros componentes de suas vidas.[4]

Já Roderick Ferguson aponta a ligação entre as normas raciais e a constituição da heteronormatividade e da identidade nacional estadunidense, argumentando que a branquitude foi estabelecida como o horizonte da pureza racial e sexual, enquanto a negritude foi constituída como "uma das origens e resultados das perversões polimorfas".[5]

Se Cohen fala sobre como mulheres não brancas foram consideradas sujeitos de sexualidade desviante, mesmo enquadrando-se na heterossexualidade como categoria, Ferguson fala sobre

---

3. Sullivan, 2003, p. 59, tradução minha.
4. Cohen, 2005, p. 19, tradução minha.
5. Ferguson, 2004, p. 45, tradução minha.

como a sexualidade afro-americana foi historicamente constituída como selvagem, instável e não domesticada, de forma a relegar essa sexualidade à dimensão do irracional, e, portanto, "fora do alcance do maquinário da cidadania".[6]

Cohen fala também sobre a importância de reconhecer que grande parte das raízes da heteronormatividade se encontra em ideologias supremacistas brancas, as quais têm usado o Estado e a regulação da sexualidade para decidir quais indivíduos são considerados apropriados para serem reconhecidos como cidadãos. Assim, ao mesmo tempo em que o casamento hétero se tornou um marco de cidadania, é preciso pensar como, historicamente, "a proibição do casamento entre mulheres e homens negros presos no sistema escravagista foi um componente de muitos códigos de escravidão adotados nos séculos XVII e XVIII".[7]

Ferguson, por sua vez, alerta para como a taxonomia de sexualidades negras excluídas da heteronormatividade nos Estados Unidos, no período pós-guerra, ilustra as diferentes formas pelas quais a classificação da sexualidade negra foi usada para excluir sujeitos negros da cidadania mesmo muito depois da escravidão. Ele cita então uma taxonomia que inclui tanto pessoas gays como heterossexuais. Assim, relações hétero não monogâmicas ou fora do matrimônio, famílias monoparentais e relações homossexuais, entre outras, foram usadas para deslegitimar a cidadania dos envolvidos por esses "não se conformarem com a família heteropatriarcal legalizada através do casamento".[8]

Dessa forma, as normas raciais também relegam sexualidades a um lugar abjeto, sendo impossível criticar a heteronormatividade sem criticar igualmente o papel que a branquitude tem desempenhado na construção de uma sexualidade "normal". É ne-

---

6. Ibid., p. 100, tradução minha.
7. Cohen, 2005, p. 27, tradução minha.
8. Ferguson, 2004, p. 101, tradução minha.

cessário superar análises simplistas que não abordam como a sexualidade, a raça, o gênero e outros marcadores, como classe social, se constituem mutuamente.

Segundo Nikki Sullivan, outro problema na elaboração de análises excessivamente focadas em um vetor de opressão é que elas podem levar à produção de "relatos sobre a raça que são (ao menos implicitamente) machistas e/ou homofóbicos, teorias de gênero que são (ao menos implicitamente) racistas e/ou homofóbicas e análises da sexualidade que são (ao menos implicitamente) racistas e/ou machistas", reproduzindo preconceitos e exclusões e alienando possíveis aliados com quem poderíamos formar coalizões.[9] Para possibilitar a criação de coalizões e alianças concretas, nossas análises precisam também ser situadas de forma a nos permitir uma compreensão sobre como esses fatores interagem nos contextos em que agimos.

No entanto, se parte das teorias e lutas *queers* tem se focado excessivamente na sexualidade, Cohen chama atenção para a política de lésbicas, gays, bissexuais e pessoas trans não brancas que tem sido capaz de críticar a heteronormatividade e como ela estrutura as nossas vidas ao tomar como ponto de partida a compreensão de que a heteronormatividade "interage com o racismo institucional, o patriarcado e a exploração de classe para nos definir de múltiplas formas como sujeitos marginais e oprimidos".[10] Vale lembrar ainda que as próprias mobilizações sociais que deram origem ao ativismo *queer* e que inspirariam as elaborações teóricas *queers* foram marcadas por alianças que atuaram levando em conta "racialização, sexualização e gênero sem separá-las".[11]

Portanto, ao focar excessivamente e de maneira isolada na sexualidade ou no gênero, parte da produção da teoria e dos ativistas

---

9. Sullivan, 2003, p. 66, tradução minha.
10. Cohen, 2005, p. 22, tradução minha.
11. Bourcier, 2020, p. 111.

queers caiu justamente na armadilha que essas mobilizações procuraram evitar – e que parece ser recorrente nas tentativas que fazemos de compreender os processos de formação de identidades.

Podemos também recuar no tempo e relembrar as intervenções realizadas por feministas não brancas e/ou lésbicas contra um feminismo branco e de classe média alta que acreditou conseguir abordar as vivências das mulheres e as opressões sofridas por elas falando apenas sobre o gênero ou tendo-o como eixo de suas narrativas.

Como nos diz a feminista decolonial María Lugones, o trabalho realizado por essas feministas "deu ênfase ao conceito de intersccionalidade e expôs a exclusão histórica e teórico-prática das mulheres não brancas de lutas pela libertação em nome das 'Mulheres' ".[12]

Um dos marcos na análise interseccional é o manifesto publicado em 1977 pelo coletivo de mulheres lésbicas negras Combahee River, que problematiza a identidade ao caracterizá-la como algo multifacetado e plural que não pode ser entendido pelas visões universalizantes e homogeneizantes que a caracterizam. Dessa forma, "as autoras do Coletivo Combahee River se questionam sobre as estratégias políticas a serem implementadas para construir coalizões e alianças transversais, a partir da simultaneidade das opressões por elas vivenciadas."[13] Rejeitaram, portanto, certas versões do feminismo lésbico que apagavam fatores como raça e classe e contestaram construções da identidade negra forjadas a partir de um modelo sexista e homofóbico.

Entre essas feministas estava a chicana Gloria Anzaldúa, que foi a primeira pessoa a usar o termo *queer* em um texto teórico "como estratégia para desestabilizar as fronteiras sexuais, de gênero, mas também raciais, culturais, linguísticas e de classe".[14]

---

12. Lugones, 2008, p. 1, tradução minha.
13. Rea, 2018, p. 123.
14. Rea e Amancio, 2018, p. 14.

Publicado pela primeira vez em 1987, o texto "La conciencia de la mestiza / Rumo a uma nova consciência" elabora uma subjetividade híbrida chamada por Anzaldúa de mestiza, fruto do viver na fronteira entre diferentes mundos e identidades. Ela fala sobre suas experiências como mulher, lésbica, indígena e chicana que cruzam também a fronteira para o mundo anglo-americano, e afirma que a mestiza lida com essas múltiplas identidades e "Não apenas sustenta contradições como também transforma a ambivalência em uma outra coisa".[15]

Para ela, o trabalho dessa nova subjetividade, que é também uma nova consciência, é o "de desmontar a dualidade sujeito-objeto que a mantém prisioneira, e o de mostrar na carne e através de imagens no seu trabalho como a dualidade pode ser transcendida".[16]

Assim, Anzaldúa elabora uma subjetividade situada e não essencialista que age com base nessa condição fronteiriça, aceitando as ambiguidades que derivam dessa condição e buscando negociar os diferentes aspectos de sua subjetividade. Essa negociação não é um processo fechado, mas aberto, em constante conversação, e também não é individual, mas coletivo, e que busca iniciar um diálogo a fim de curar feridas e produzir alianças que possam começar a superar as divisões e exclusões que nos separam, nos hierarquizam e nos ferem. Ao fazer isso, ela estabeleceu uma elaboração que é tanto uma crítica das limitações de identidades essencialistas e autênticas quanto de um culturalismo que procura manter a subordinação das mulheres por meio de uma definição de papéis de gênero. A crítica às tentativas de homens de sua cultura originária de subordiná-la por ser mulher veio também acompanhada de uma crítica ao imperialismo estadunidense que subordina todos aqueles pertencentes a diversas culturas.

---

15. Anzaldúa, 2005, p. 706, tradução minha.
16. Ibid., p. 707, tradução minha.

É então possível traçar uma genealogia alternativa do *queer*, subalterna e não branca, em contraposição às elaborações teóricas que muitas vezes repetiram os erros de ativistas e pensadores anteriores e apresentaram análises reducionistas e excludentes. Se expresso uma genealogia alternativa, ressalto também que existem diversas genealogias possíveis do *queer* e de perspectivas alinhadas às quais podemos recorrer a fim de pensar como os estudos e o ativismo *queer* se aplicam em nossos contextos.

Há então genealogias das teorias *queer* não brancas desenvolvidas em diversos contextos militantes e acadêmicos. Podemos falar da teoria *queer of color*, que tem contestado a branquitude do *queer* e apresentado outras formas de análise. De acordo com Caterina Rea e Izzie Amâncio, a plataforma reúne diversos escritores, teóricos artistas e militantes de grupos marginalizados e racializados que põem em questão a homonormatividade que compõe "uma agenda política restritiva [...], uma história teleológica e uma concepção ocidental da sexualidade e da Modernidade".[17]

Roderick Ferguson, um dos articuladores mais conhecidos do *queer of color*, também chama atenção para as contribuições do feminismo das mulheres não brancas – para ele, um dos componentes cruciais da genealogia dessas elaborações, por terem feito notar a importância da análise interseccional ao refletir sobre como o gênero, a raça e a sexualidade se constituem mutuamente. Assim, um dos objetivos do *queer of color* é "[r]epensar o *queer* e a dissidência sexual de forma interseccional e repensar a interseccionalidade em uma perspectiva *queer*, apontando para suas significações teóricas e suas possibilidades de utilizações políticas e militantes".[18]

Como já dito, essa perspectiva evita a produção de um sujeito *queer* definido primariamente por sua sexualidade, sujeito ao qual Ferguson se refere como o *"queer* unidimensional". O trabalho

---

17. Cervulle e Rees-Roberts, 2010, p. 41; Rea e Amâncio, 2018, p. 18.
18. Rea, 2018, p. 124.

proposto por ele busca tomar como ponto de partida as elaborações das feministas não brancas e estender essas análises para "investigar como as práticas sexuais, de gênero e raciais, em suas interseções, antagonizam e/ou conspiram com os investimentos normativos de Estados-nação e do capital".[19]

Assim, é possível interrogar como a racialização, a generização e a sexualização se constituem, consolidam e adquirem novos contornos no contexto da formação e manutenção de Estados-nação, no quais a distribuição dos corpos se dá em diferentes relações de exploração, seja no âmbito dos corpos explorados diretamente para a produção de riqueza, como no caso dos corpos dos trabalhadores, seja naquele dos corpos explorados ao fornecer serviços não remunerados para a manutenção da família nuclear, entre outros. Dessa forma, a crítica *queer of color* chama também atenção para como o gênero, a raça e a sexualidade ligam-se a questões de classe.

Na perspectiva de Ferguson, em diálogo com Foucault, o poder do capital opera não apenas de forma repressiva, mas de forma produtiva, gerando processos de subjetivação e novos arranjos sociais e formações afro-americanas não heteronormativas. Assim, "[u]ma história dessas formações deve apresentar a crítica da sexualidade como simultânea à crítica de formações econômicas capitalistas".[20]

Essa crítica também permite interrogar os modelos de cidadania e de pertencimento ao Estado-nação que têm inspirado grande parte do ativismo lgbt+ assimilacionista, que deixou de lado qualquer forma de crítica radical para lutar pelo reconhecimento e cidadania plena a partir de demandas como o casamento

---

19. Ferguson, 2004, p. 5, tradução minha.
20. Ibid., p. 92, tradução minha.

homo e leis antidiscriminação. Dessa perspectiva, pode-se também questionar o próprio modelo de Estado-nação e os mecanismos de normalização, exclusão e violência que o mantêm.

Assim, Ferguson chama atenção para como a análise *queer of color* pode esclarecer a contradição no desenvolvimento do capitalismo liberal que ocorreu enquanto surgia "a normalização do heteropatriarcado de um lado, e a emergência de formações generizadas, racializadas e erotizadas que disputam a universalidade do heteropatriarcado de outro lado".[21] Essa contradição se dá porque as identidades e sujeitos hegemônicos que formam a família branca e heteropatriarcal e o modelo de cidadania plena no capitalismo liberal só foram possíveis com a criação de outras identidades abjetas, em relação às quais elas se definem, e que frequentemente têm a sua cidadania negada e os seus corpos explorados.

Desse modo, "Formações raciais, à medida que são constituídas de forma não normativa por diferenças sexuais e de gênero, sobredeterminam a identidade nacional, contradizendo suas múltiplas promessas de cidadania e propriedade".[22] Para ele, essa sobredeterminação pode motivar alianças interseccionais antirracistas, feministas, de classe e *queer*.

Vemos surgir, então, uma crítica que não apenas procura dar a devida atenção às normas raciais e a como elas interagem com as normas de gênero e sexualidade, constituindo-se mutuamente, mas também analisa essas normas no contexto de formação dos Estados-nação e do capitalismo liberal.

Esse é um aprofundamento do pensamento *queer* que abre novas possibilidades de refletir sobre alianças e coalizões, além de fortalecer a politização do debate nos estudos *queer* ao situar a crítica às normas no contexto político-social de sua elaboração, tornando suas análises mais aplicáveis em diferentes lutas e mo-

---

21. Ibid., p. 13, tradução minha.
22. Ferguson, 2004, p. 21, tradução minha.

bilização. É também uma importante contribuição para pensar o aspecto antiassimilacionista da ética *queer* e quais são os custos e limites das estratégias e abordagens de movimentos sociais que se limitam a uma luta pela assimilação no capitalismo neoliberal e por reconhecimento de direitos – abordagem que caracteriza parte do movimento lgbt+.

Aqui é relevante trazer o conceito de homonacionalismo, elaborado por Jasbir Puar no contexto da invasão do Iraque por tropas estadunidenses no começo dos anos 2000. Para ela, a inclusão e o reconhecimento nacional de certos sujeitos lgbt+ nos Estados Unidos está ligada à exclusão de outros sujeitos racializados e sexualizados – em particular, naquele momento, árabes e muçulmanos, que sofriam violência nas mãos de soldados estadunidenses no Iraque e de cidadãos estadunidenses na fronteira dos Estados Unidos. Assim, o homonacionalismo corresponde a um comprometimento com a "ascensão global dominante da branquitude que está implicada na propagação dos Estados Unidos como império, assim como a aliança entre essa propagação e essa forma de homossexualidade", excluindo populações racializadas que não se enquadram nela.[23]

A crescente inclusão de sujeitos gays foi utilizada, nesse sentido, para criar uma imagem dos Estados Unidos como um país tolerante e civilizado em comparação aos sujeitos árabes e muçulmanos, retratados como bárbaros retrógrados e sempre homofóbicos e misóginos. Assim, a sexualidade no Oriente Médio é retratada segundo uma imagem que mistura a ideia de que os árabes são sexualmente agressivos com a de que a sexualidade é sempre reprimida. Com isso, também se cria a ideia de que as identidades árabes e muçulmanas e as identidades lgbt+ seriam incompatíveis, quando, na verdade, muitas vezes se interseccionam tanto no mundo árabe quanto na diáspora. Cria-se também

23. Puar, 2017, p. 2, tradução minha.

a figura do terrorista perverso que justifica o imperialismo, a tortura e a morte em nome da guerra ao terror, que é também elaborada como um confronto entre a civilização representada pelos Estados Unidos e seus aliados e a barbárie representada pelo mundo árabe. Portanto, representando a civilização, o imperialismo estadunidense bombardeia cidades, saqueia países, destrói suas economias e mata e tortura seus cidadãos. Quem não se lembra das afirmações dos políticos sobre "trazer democracia ao Iraque" enquanto bombas caíam sobre Bagdá?

Essa imagem caricata dos árabes e muçulmanos esconde a complexidade de relações e sujeitos sexuais e suas variações regionais e ao longo do tempo, como se essa caracterização fosse capaz de abranger essas relações. Ela também esconde as formas que as dissidências sexuais procuram negociar a sua sexualidade e criar espaços de resistência no mundo árabe. E, quando essas dissidências são evocadas dentro de paradigmas homonacionalistas, é apenas para caracterizá-las como vítimas passivas, retirando-lhes qualquer agência e capacidade de resistência.

O que ela também ignora é que muitas vezes essas dissidências não se reconhecem em termos como "gay", "lésbica" e "transexual" e precisam ser entendidas no contexto de suas existências. Afinal, esses são termos recentes que não necessariamente representam grande parte das vivências sexuais pelo mundo fora da heteronormatividade.

A crítica ao homonacionalismo feita por Puar aponta para outra característica das elaborações *queer of color*, que é a problematização da "narrativa do progresso em matéria de direitos humanos e sexuais como sendo própria do Ocidente e a ideia segundo a qual este seria o lugar mais avançado para o respeito às mulheres e às pessoas lgbt", narrativa que "apaga e invisibiliza a realidade do racismo e as desigualdades sociais que estruturam o mundo ocidental, assim como a história colonial e suas heranças".[24]

Mesmo assim, muitos sujeitos lgbt+, especialmente brancos e de classe média alta, compraram essa ideia e a reforçaram, participando ativamente de sua construção e reprodução e usando sua posição como sujeitos lgbt+ para apoiar a guerra e a discriminação de sujeitos racializados.

Ao mesmo tempo em que esse tipo de conceitualização ajudou a justificar a invasão imperialista do Iraque aproveitando-se de um nacionalismo fervoroso alimentado pelos atentados que derrubaram as Torres Gêmeas, a cidadania dos árabes e muçulmanos estadunidenses se tornou rapidamente suspeita, à medida que essas populações se viram alvo de uma onda crescente de violência e discriminação. Essa violência também atingiu outras populações racializadas (como os Sikh, grupo ao qual Puar pertence), que, nesse período, foram frequentemente confundidas com muçulmanos e agredidas de diversas formas.

De repente, árabes, muçulmanos e outros sujeitos que encontravam refúgio e companheirismo em comunidades lgbt+ se viram excluídos e tiveram seu *status* como cidadãos questionados por aqueles que antes os acolhiam à medida que passaram a ser caracterizados como corpos terroristas perversos em potencial. Dessa forma, o projeto da branquitude "é apoiado e beneficiado por populações homossexuais que participam das mesmas economias identitárias e hegemônicas que aquelas dos sujeitos héteros que são cúmplices dessa ascendência".[25]

O resultado é uma série de sujeitos homonormativos que reforçam a reprodução de dinâmicas de classe, gênero e normas raciais em vez de estabelecer alianças *queers* e interseccionais. As-

---

24. Rea, 2018, p. 126.
25. Puar, 2017, p. 31, tradução minha.

sim, esses sujeitos – sempre os mais assimiláveis e "respeitáveis" – acabam sendo usados a favor da manutenção de um projeto nacional baseado na branquitude, no excepcionalismo estadunidense, no imperialismo, no colonialismo, na desigualdade de gênero e na divisão de classes.

O excepcionalismo estadunidense que faz do Oriente Médio uma caricatura também faz das dissidências sexuais da região outra caricatura, sempre em posição de vítima, sem agência e à espera da salvação pelo Ocidente esclarecido. Puar chama atenção para como esse excepcionalismo também se manifesta no discurso e na atuação de algumas feministas ocidentais sobre as mulheres afegãs e iraquianas. Segundo a autora, esses discursos "fazem alusão à natureza não salvável das mulheres muçulmanas até pelas próprias feministas, posicionando as feministas americanas como o sujeito feminista por excelência".[26]

Da mesma maneira que o discurso homonacionalista retrata os homens árabes e muçulmanos sempre como homofóbicos, heterossexuais e sexualmente agressivos, as mulheres são tratadas como vítimas eternas desses homens e incapazes de articular alguma resistência. Desse modo, esses discursos impedem alianças com mulheres e dissidências sexuais no Oriente Médio que estão articulando suas formas de resistência no contexto em que vivem.

Alguns outros teóricos chamam esse tipo de excepcionalismo ocidental de gênero de "femonacionalismo", de modo que há um paralelo entre esse conceito e o de homonacionalismo. O resultado disso é que a "retórica femo/homonacionalista e homonormativa das comunidades lgbt+ brancas ocidentais oculta a pluralidade das opressões, demonizando e afastando os grupos racializados".[27]

Nessa lógica, os que pertencem a esses grupos são sempre suspeitos de misoginia e de sexismo e as suas diferenças ignora-

---

26. Ibid., p. 5, tradução minha.
27. Rea, 2018, p. 127.

das. Em vez de possíveis aliados, esses sujeitos se tornam apenas um recurso retórico que justifica intervenções imperialistas que vão contra os seus interesses em nome de sua salvação. Puar chama atenção para como minorias de gênero ou sexuais podem ser assimiladas a projetos imperialistas e coloniais para justificar a violência contra outros corpos. Ressalta também como relatos sobre opressão que focam em apenas um eixo identitário terminam privilegiando as versões mais normativas dessa identidade. No caso do homonacionalismo, a identidade de gays, lésbicas e bissexuais brancos e de classe média alta é privilegiada em detrimento de sujeitos racializados.

O que surge, então, é a importância de levarmos em conta os distintos marcadores de diferença que compõem os sujeitos, ao pensarmos em possíveis alianças, e também o perigo da assimilação de possíveis sujeitos *queer* dentro de projetos nacionalistas. Assim, voltamos à questão do aspecto antiassimilacionista da ética *queer*, que acredito ser essencial para elaborarmos estratégias políticas.

Afinal, as elaborações de Puar nos mostram que sujeitos potencialmente *queer* podem preferir uma estratégia assimilacionista, que não só impede o questionamento e o confronto mais radical das normas que nos constituem e geram exclusões, mas reforça certas instituições e projetos que amplificam as exclusões e a violência contra determinados corpos.

Aqui vale relembrar que a política *queer* se constituiu justamente em oposição ao ativismo lgbt+ assimilacionista, que adota uma política na qual cada identidade luta pelos direitos de forma desvinculada de questões de classe, de raça e de qualquer crítica radical ao capitalismo, ao Estado-nação e ao colonialismo. Essa forma de política é duramente criticada por Roderick Ferguson, que aponta como dentro de certo modelo de assimilação da população lgbt: "Os direitos gays se tornaram um ponto de exclusão racial e privilégio definido pelo direito ao casamento, legislação contra crime de ódio e inclusão militar".[28]

Mas o que as intervenções dos pensadores e ativistas *queers* não brancos igualmente mostram é que, mesmo quando adotamos uma postura *queer* e abertamente antiassimilacionista em oposição a normas como a heteronormatividade e o binário de gênero, também corremos o risco de reforçar outras normas e exclusões ao adotarmos uma analítica e política excessivamente focada na sexualidade e/ou no gênero que ignora como essas formas de identidade são constituídas por e constituem outras identidades, e quais são os diferentes mecanismos, normas e instituições que operam nessa constituição.

Assim, precisamos estar atentos ao caráter antifundacionista dos estudos *queer* e empreendermos análises que levem em conta os mecanismos de produção de identidades. Para evitar cair nessas armadilhas e elaborar uma política que seja de fato contestatória, é preciso uma crítica que considere como essa constituição de identidades contemporâneas – ocorrida no contexto do surgimento de Estados-nações e do capitalismo liberal – foi também o processo de formação dessas categorias e de regulação, gestão e exploração de subjetividades. Esse processo buscou incorporar os corpos, de diferentes formas, em projetos nacionalistas e na economia capitalista, marginalizando e eliminando outros.

Qualquer análise de formações identitárias que deixe de fora esses fatores corre o risco de produzir novas exclusões e de perder a oportunidade de alianças radicais e contestatórias. Precisamos também ter em mente como as tentativas de compreender todas as vivências de sexualidade e gênero a partir de normas ocidentais nos impedem de entender o modo pelo qual as variações e dissidências de sexualidade e gênero ocorrem em diferentes

---

28. Ferguson, 2005, p. 46, tradução minha.

contextos. Dessa forma, "as análises *Queer of Color* vêm, repetidamente, criticando a imposição de uma epistemologia única da sexualidade, supostamente universal, mas, de fato, baseada na imposição do modelo ocidental".[29] Assim, procuram apontar a existência de outras formas de dissidência sexual e abrir espaço para epistemologias da sexualidade e do gênero diversas e mais atentas a outros fatores.

Com essas considerações, vemos também que, se a ética *queer* pode ser pensada como antiessencialista, operando com uma base identitária aberta e subjetividades provisórias, cuja construção se dá à medida que as lutas e a teoria *queer* são elaboradas em variados contextos, a própria teoria *queer* é moldada, reapropriada e adquire formas distintas em suas viagens para diferentes localizações geográficas e nas relações que estabelece nesses contextos.

Assim, a teoria *queer*, em suas múltiplas versões, é impelida a questionar os próprios pressupostos e elaborações normativas, a tomar novos rumos e a expandir o escopo de suas análises, de modo que, tal como as subjetividades *queer*, a teoria *queer* é uma multiplicidade que adquire novas formas ao longo de sua trajetória.

Gostaria então de tomar essa consideração como ponto de partida para abordar uma das viradas mais importantes, porém controversa, da teoria *queer*: a virada decolonial. Partindo do diálogo com os estudos decoloniais, pretendo ainda abordar e problematizar o trânsito da teoria *queer* para fora do chamado norte global e os seus efeitos.

---

29. Rea, 2018, p. 125.

Colonialismo e colonialidade: a gênese da Modernidade

Anteriormente, ressaltei a necessidade de a teoria *queer* elaborar uma crítica que abordasse adequadamente o processo de formação dos Estados-nação e do capitalismo liberal e sua relação com a produção de subjetividades e identidades. Só é possível realizar essa análise com alguma profundidade quando compreendemos que esse processo se deu também com o processo de colonização de grande parte do mundo realizado pela Europa.

O processo de colonização e seus efeitos possibilitaram o surgimento e a expansão do capitalismo liberal e a divisão do mundo em Estados-nações que caracterizam e marcam a Modernidade, e cujos efeitos continuam a se desenrolar em diferentes formas e contextos. Os efeitos envolviam e continuam a envolver um processo de imposição de normas de gênero, de sexualidade e de racialização de populações que se deu em conjunto com a escravização, a dominação, o genocídio de diversos povos e a apropriação e o roubo de suas terras – o que se mantém até os dias de hoje.

Portanto, se o *queer* procura interrogar e confrontar normas e instituições que produzem hierarquias e exclusões, é preciso compreender como grande parte dessas normas e instituições que regem a Modernidade ocorreu através da colonização e foi imposta como forma de apagamento de outras possibilidades de enxergar a identidade e a subjetividade e de se organizar socialmente.

Como aponta Jack Halberstam, para muitos povos nas Américas, "a divisão entre macho e fêmea, homo e hétero, trans e cis [...] foi imposta por uma lógica colonial de ocupação que não correspondia necessariamente às divisões que existiam dentro dessas sociedades".[30] Dessa forma, tais normas não surgiram apenas a partir de processos internos a determinadas sociedades, mas da

---

30. Halberstam, 2018, p. 27.

relação entre populações e sujeitos colonizadores-colonizados e das hierarquias aí produzidas. Ann Laura Stoler aponta como discursos imperiais assentados em divisões como colonizados e colonizadores, observadores metropolitanos e agentes coloniais, assim como colonizadores burgueses de seus compatriotas, geraram também uma classificação de competências culturais, hábitos sexuais e disposições psicológicas que "definiram as linhas divisórias ocultas, fixas ou fluidas com as quais as avaliações de gênero, de pertencimento à classe ou à raça foram traçadas".[31]

Esses discursos imperiais desempenham um papel central na formação de divisões e hierarquias que atenderam às necessidades dos colonizadores e do capitalismo liberal em formação. Tais divisões sofreram mutações à medida que uma série de processos sociais, relações de poder e formações discursivas se desenvolveram. Através desses processos, foi-se formando também o indivíduo liberal europeu, o sujeito masculino, branco e heterossexual que se pretende neutro, soberano e universal, sujeito constituído em relação aos "outros", aos sujeitos marcados, sexualizados, generizados e racializados, tanto nas colônias quanto nas metrópoles.

Ao se pretender universal e possuidor de um discurso que não é marcado por gênero, raça, sexualidade ou outras formas de identidade, esse sujeito se torna a norma não nomeada e apaga a localização de seu discurso e as marcas de poder que permitiriam sua contextualização. Para o pensador decolonial Ramón Grosfoguel, a ideia de um sujeito universal do conhecimento e sem localização "inaugura o mito epistemológico da modernidade eurocêntrica de um sujeito autogerado que tem acesso à verdade universal, para além do espaço e do tempo, através de um monólogo".[32]

Aqui temos um elemento importante que faz a ponte para a problematização e a perturbação do sujeito efetuada pela teoria

31. Stoler, 1996, p. 8, tradução minha.
32. Grosfoguel, 2017, p. 64, tradução minha.

queer e pelos estudos decoloniais. Se pensadores *queer* têm se esforçado para desconstruir o sujeito autônomo, uno e pretensamente universal do liberalismo, o pensamento decolonial situa a gênese desse sujeito no nascimento da Modernidade, por meio da colonização e do estabelecimento do capitalismo liberal, e aprofunda a análise da emergência desse sujeito.

Assim, a crítica dos estudos *queer* ao sujeito soberano e não situado do liberalismo necessita ser endereçada às epistemologias coloniais que o produziram, assim como também produziram, em contraste, os sujeitos marcados, nomeados e taxonomizados em relação aos quais ele se define; sujeitos que são caracterizados como particulares em contraste com a norma "universal".

Nesse processo, a raça foi extremamente importante, ao marcar como racializados os sujeitos colonizados. Como nos diz Stoler, é preciso entender a raça e o racismo como características formadoras da Modernidade e como estando "profundamente incorporadas ao liberalismo burguês, não como ramificações aberrantes deste".[33]

Apresentarei, então, uma breve introdução aos estudos decoloniais contemporâneos e a alguns conceitos que podem ser postos em diálogo com as reflexões e propostas da teoria *queer*, como fazem pensadores que abordarei mais à frente. Com isso, tenho a intenção de esclarecer com mais profundidade a relação entre o mito do sujeito liberal e a imposição de normas coloniais que produziram e continuam a produzir subjetividades e regimes normativos para geri-las. Essas reflexões são também importantes para problematizar e pensar o que significa falar em teoria e política *queer* fora dos Estados Unidos e da Europa, e, ainda, em como o *queer* viaja pelo mundo e quais são as suas apropriações.

Afinal, como já vimos, o *queer* não se movimenta sem embates e tensões – necessárias para pensar as aplicações práticas das

---

33. Stoler, 1995, p. 9, tradução minha.

reflexões geradas pelos estudos e mobilizações *queers* e dos processos de (de)subjetivação que podem ser gerados a partir disso, sejam quais forem as formas que eles tomem. Cabe então esclarecer alguns conceitos utilizados pelos estudos decoloniais, que são importantes para as reflexões que seguirão e que fornecerão um contexto para pensar os efeitos do colonialismo e da colonialidade – e como esses se relacionam com diferentes regimes normativos.

Como ponto de partida, destaco a distinção entre colonialismo e colonialidade usada por diversos autores decoloniais que permite fazer a ponte entre o processo que se iniciou com a invasão do território que hoje chamamos de América e as diferentes realidades contemporâneas com as quais nos confrontamos.

O colonialismo, nessa concepção, refere-se "ao processo e aos aparatos de domínio político e militar que se desdobram para garantir a exploração do trabalho e das riquezas das colônias para o benefício do colonizador".[34] Dessa forma, a análise do colonialismo, na perspectiva decolonial, concerne ao estabelecimento de colônias e à exploração de suas riquezas e de sua força de trabalho. O foco dessa análise é a dominação colonial das Américas, e, posteriormente, do continente Africano e de outras partes do mundo.

O conceito de colonialidade, por sua vez, busca entender como, mesmo após o fim das administrações coloniais, o colonialismo segue moldando o mundo moderno, sendo a própria Modernidade um produto do colonialismo. Assim, na perspectiva decolonial, a colonialidade "se refere a um padrão de poder que opera a partir da naturalização de hierarquias territoriais, raciais, culturais e epistêmicas, possibilitando a reprodução das relações de dominação".[35]

Esse padrão organiza a exploração dos seres humanos e do mundo não humano através do capital, em escala global, ao

---

34. Restrepo e Rojas, 2010, p. 15, tradução minha.
35. Ibid., tradução minha.

mesmo tempo em que subalterniza certos grupos e destrói formas de vida e de conhecimento. Assim, se nessa concepção o colonialismo é uma forma de dominação político-administrativa que se refere a um conjunto de instituições e à divisão entre metrópoles e colônias, a colonialidade é um padrão mundial de poder e de relações que se manifesta por meio de hierarquias globais, nacionais e locais.

A colonialidade é aquilo a que muitos pensadores se referem como o "lado obscuro" da Modernidade. Essa caracterização é uma crítica às noções que supõem a Modernidade como um processo emancipador, mas também é um apontamento de que as relações de exploração e subalternização que constituem a colonialidade não são somente um desvio ou um momento superado da Modernidade.

Para o pensamento decolonial, a colonialidade é constitutiva da Modernidade. Como dizem Restrepo e Rojas, "não há modernidade sem colonialidade, e, por sua vez, colonialidade supõe a modernidade; assim se afirma que a relação entre modernidade e colonialidade é de co-constituição; uma não pode existir sem a outra".[36]

Além disso, a narrativa da Modernidade como projeto emancipatório só foi possível por meio "da configuração de um nós-moderno em nome do qual se intervém sobre territórios, grupos humanos, conhecimentos, corporalidades, subjetividades e práticas que em suas diferenças são produzidas como não modernas".[37] Essa distinção produzida pela colonialidade é aquilo que a inflexão decolonial chama de "diferença colonial", ou seja, a "elaboração de um sistema de distinção e hierarquização que classifica populações por suas faltas e excessos, assim como uma série de tecnologias para o seu governo".[38]

36. Ibid., p. 17, tradução minha.
37. Restrepo e Rojas, 2010, p. 18, tradução minha.
38. Ibid., p. 133, tradução minha.

Desse modo, se os discursos coloniais geram um "nós--moderno" que se constitui em relação a um outro, o conceito de diferença colonial se refere à divisão entre esse nós e o "ser--outro" subalternizado, em relação ao qual ele se constitui e sobre o qual exerce o seu poder através de relações de dominação e exploração, ou mesmo através da eliminação e extermínio de certos corpos e populações.

Há, aqui, uma conexão a ser feita com algumas elaborações de Butler, importantes para caracterizar a dimensão antinormativa da ética *queer*. Se ela aponta como as identidades que se situam dentro da cis-heteronormatividade só adquirem seus contornos e sua condição de normatividade em relação ao seu exterior, relegado a um lugar de abjeção, o pensamento decolonial aponta como o sujeito liberal moderno e colonizador adquire seu *status* privilegiado e universal através da produção de uma diferença colonial que o constitui enquanto constitui outras populações como não modernas – mais adiante, veremos como essa diferença se relaciona com a imposição da cis-heteronormatividade e de normas patriarcais em populações colonizadas.

Outro conceito importante é a ideia de sistema-mundo – central para compreender o aspecto geopolítico do pensamento decolonial. Essa noção permite pensar em termos de um sistema--mundializado e assim analisar países, Estados e regiões em relação uns com os outros e em relação a esse sistema-mundo, em vez de analisá-los como se existissem independentemente uns dos outros e se desenvolvessem apenas a partir de processos internos.

A perspectiva decolonial pensa o sistema-mundo como um produto do processo de expansão colonial europeia e da gênese e expansão do capitalismo liberal (inicialmente sob a forma do capitalismo mercantil), que conectam pela primeira vez todas as diferentes regiões do planeta.

Se o sistema-mundo se inicia com a invasão e colonização da "América", ele gradualmente instaura uma hierarquia interestatal que aponta diferentes posições para cada região, colocando a Europa no centro de uma série de processos. A Europa se estabelece, assim, pouco a pouco como um centro que subalterniza as colônias e extrai delas recursos e mão de obra enquanto impõe sobre elas as suas instituições, modos de pensar e relações de poder.

É possível pensar, aqui, em cinco fatores principais que contribuem para o estabelecimento do sistema-mundo moderno. O primeiro é a emergência do capitalismo como sistema econômico, que cria e integra mercados globais, organiza relações de comércio e a exploração e os fluxos de mercadorias e pessoas. O período da invasão das "Américas" foi também aquele em que, pela primeira vez, foi estabelecida uma relação entre os mercados da Europa, da Ásia e da África.[39] Assim, a expansão de mercados, que deu origem ao capitalismo, teve um papel importante em conectar as diferentes regiões do mundo e estabelecer uma divisão internacional de trabalho marcada por relações de subalternização.

O segundo fator é um florescimento da ciência e da tecnologia, em parte associado às necessidades do capitalismo nascente. No entanto, ainda que as invasões de diferentes continentes, por exemplo, tenham caminhado junto com avanços nas técnicas de navegação, estas são também parte do intercâmbio e das trocas de conhecimento com outras sociedades, como a China e o mundo árabe, sendo equivocado e simplista relacionar o desenvolvimento da ciência e da tecnologia apenas às necessidades do capitalismo.[40]

O terceiro fator é a crescente secularização da vida. O avanço do capitalismo, da ciência e das tecnologias influenciou "as formas de ver o mundo das sociedades da época, dando mais importância a formas racionais de explicar as coisas, reduzindo o

---

39. Restrepo e Rojas, 2010, tradução minha.
40. Ibid., tradução minha.

papel da religião".⁴¹ Contudo, esse processo não foi total em nenhuma sociedade, e a religião permanece desempenhando um papel importante no modo como as pessoas enxergam o mundo e se organizam. Apesar disso, essa secularização representa uma mudança radical de paradigma ao deslocar a religião de seu papel como fonte privilegiada de valores e base para a organização da vida social. A ideia de Estados seculares, marcados por uma separação entre Estado e a religião, é um dos sintomas da secularização da vida e da política, assim como a ascensão de ideologias seculares como o marxismo, o liberalismo e o anarquismo.

O quarto fator é o sistema de Estados. O desenrolar do processo através do qual potências imperiais foram gradualmente dividindo o mundo em colônias acabou gerando uma divisão do mundo em Estados-nações, relacionados entre si por meio de uma divisão internacional do trabalho, produção e comércio.

O quinto, por fim, é o universalismo, ou seja, a ideia de que determinados valores, direitos e conhecimentos podem ser universalizados. Essa ideia contém elementos emancipadores, mas, "historicamente, tomou uma forma imperialista uma vez que aqueles que tinham poder naquele momento o usaram para impor os seus valores às sociedades que submetiam."⁴²

Temos, portanto os elementos que compõem o sistema-mundo moderno e o contexto no qual ele surgiu. Levando em conta o papel do colonialismo e da colonialidade em moldar esse sistema-mundo com o qual nos deparamos e a relação entre a colonialidade e a Modernidade, alguns autores seguem a proposta de Walter Mignolo de usar o termo "sistema-mundo moderno/colonial".⁴³

Aqui, é importante esclarecer um ponto a respeito de como alguns autores decoloniais entendem a temporalidade daquilo

41. Ibid., p. 71, tradução minha.
42. Restrepo e Rojas, 2015, p. 72, tradução minha.
43. Ibid., p. 74, tradução minha.

que é chamado de Modernidade. Se o início da Modernidade é frequentemente situado no séc. XVIII, como o é para Foucault ao elaborar a ascensão do biopoder nesse período, pensadores decoloniais muitas vezes o fazem de outra maneira, dividindo-a em dois momentos entre os quais há uma relação de continuidade, mas também de ruptura: a primeira e a segunda Modernidade.

A partir da classificação do filósofo argentino Enrique Dussel, a primeira Modernidade pode ser entendida como o período entre os sécs. XV e XVIII, no qual o sistema-mundo moderno/colonial começa a se articular. Já a segunda Modernidade compreende o período a partir do séc. XVIII, quando o Iluminismo e a Revolução Industrial "aprofundam e ampliam o horizonte já iniciado no fim do séc. XV".[44] Independentemente de situarmos o início da Era Moderna no séc. XV ou no séc. XVIII, é importante entender a continuidade e a relação entre os processos que se iniciam nesses períodos e como, em conjunto, contribuíram para a emergência da Modernidade tal qual a conhecemos.

Assim, se a Espanha era a principal potência no início da primeira etapa desse processo, quando começou a invasão das "Américas", a Inglaterra foi a protagonista do início do que Dussel chama de segunda Modernidade, ao ser o principal foco da Revolução Industrial. Uma vez que estejam compreendidos esses conceitos, cabe agora a pergunta: como isso se relaciona com a formação de normas coloniais que constituem diferentes tipos de sujeitos e subjetividades e com as elaborações feitas pela teoria *queer*?

Para fazer essa ponte, vale trazer algumas considerações de María Lugones, em seu ensaio "A colonialidade do gênero", que trouxe importantes elaborações a respeito de como o processo de colonização contribuiu para a formação de epistemologias e hierarquias que marcam a Modernidade, dando a devida importância ao gênero como categoria de análise para entender o processo.

---

44. Ibid., p. 85, tradução minha.

Nele, Lugones toma como ponto de partida as análises do sociólogo peruano Aníbal Quijano, para quem a ascensão do poder capitalista global e eurocentrado – ocorrida por meio da imposição de uma ordem colonial – organiza-se em dois eixos que ele denomina de "modernidade" e de "colonialidade do poder". Para Quijano, a colonialidade se baseia na imposição de uma classificação racial e étnica sobre a população mundial que sustenta um padrão de poder "e opera em cada um dos planos, meios e dimensões, materiais e subjetivos, da existência social cotidiana e da escala societal".[45] O autor procura entender como a classificação racial/étnica dos povos colonizados organizou relações e padrões sociais que caracterizam a ordem capitalista global que se estabeleceu como resultado da colonização. Quijano reflete sobre a interseção da raça e do gênero em termos estruturais, em grande escala e em relação com a colonialidade e a Modernidade. Para ele, como nos diz Lugones, as disputas pelo controle do "acesso sexual, seus recursos e produtos" definem o domínio do sexo e do gênero, "e as disputas, por sua vez, podem ser entendidas como organizadas em torno dos eixos da colonialidade e da modernidade".[46]

A partir das análises de Quijano, Lugones chama atenção para como a taxonomização colonial de sujeitos e identidades se desenvolveu em um contexto mais amplo de taxonomização guiado pelas necessidades cognitivas do capitalismo, que incluem a objetificação e classificação do mundo pelo poder com o propósito de ordenar e gerir as relações entre as populações e entre elas e os "recursos naturais". Para Quijano, esse processo necessitou da "medição, a externalização (ou objetivação) do cognoscível em relação ao conhecedor, para o controle das relações dos indivíduos com a natureza e entre aquelas em relação a esta, em

---

45. Quijano, 2009, p. 73.
46. Lugones, 1995, p. 1, tradução minha.

especial a propriedade dos recursos de produção".⁴⁷ Essa forma de saber eurocentrada é uma das principais características da Modernidade, que se deu também a partir de uma "epistemologia do ponto zero", em que o sujeito que pensa, julga e classifica (o homem branco, europeu e cisgênero) apaga os traços de sua posição e localização e produz um conhecimento com pretensão de neutralidade e objetividade.

O conhecimento produzido por esse sujeito (o já citado sujeito liberal, autônomo e universal) e "[d]enominado racional foi imposto e admitido no conjunto do mundo capitalista como a única racionalidade válida e como emblema da modernidade".⁴⁸

Para Ramón Grosfoguel, as raízes dessa concepção de sujeito e dessa epistemologia se encontram no pensamento cartesiano. Esse sujeito, então, seria formado a partir de dois aspectos encontrados nas elaborações de Descartes que teriam uma grande influência no pensamento moderno eurocentrado: um ontológico e um espistemológico – que, juntos, compõem a noção do ego pensante cartesiano resumida na famosa frase *"Cogito, ergo sum"* [penso, logo existo]. O primeiro deles é o dualismo ontológico entre a mente e o corpo. Essa separação permite pensar em uma mente independente do corpo e do mundo material e não afetada por ele ou por qualquer coisa terrestre. Essa mente é, então, similar e equivalente ao deus cristão, e evoca a imagem desse deus como a de "um velho branco de barba e cajado sentado em uma nuvem, olhando para todos e castigando qualquer um que se porte mal, sem ser condicionado nem determinado pelo mundo terrestre".⁴⁹

Assim, a mente pensante e desencarnada cartesiana produziria um conhecimento que opera como o olho de deus, analisando e

---

47. Quijano, 2009, p. 74.
48. Ibid.
49. Grosfoguel, 2003, p. 36, tradução minha.

julgando de forma universal e não situada. No entanto, essa forma de enxergar a mente faz sentido apenas se é pensada como algo fora do corpo. Quando a pensamos como integrada e inseparável do corpo, o conhecimento só faz sentido como algo produzido por sujeitos corporificados e localizados, portanto um conhecimento situado a partir de suas posições e influenciado por elas. Qualquer pretensão de neutralidade desaparece quando pensamos corpo e mente como integrados e localizados.

O segundo aspecto do sujeito cartesiano é o epistemológico, segundo o qual, para se livrar da dúvida, o sujeito deve "levantar e responder perguntas em um monólogo interno que chega até a certeza do conhecimento".[50] Dessa forma, o conhecimento é produzido solipsisticamente, ou seja, o sujeito gera o conhecimento na relação consigo mesmo, ao invés de nas relações com outros sujeitos e com o mundo.

Assim, se o dualismo cartesiano faz desaparecer a localização do sujeito do conhecimento, o solipsismo cartesiano faz desaparecerem todas as relações que constituem o sujeito que está envolvido na produção do conhecimento. O resultado é um sujeito autônomo, autoconstituído, universal e a-histórico.

Se a forma de conhecimento produzida por ele, tal como apresentado, pode ser caracterizada como uma visão do "olho de deus", que observa e julga a partir de cima, os homens europeus colonizadores que se colocaram nesse lugar se colocaram também em uma posição divina, na medida em que a ideia de deus como fundamento do conhecimento vai gradualmente sendo substituída pela ideia do sujeito cartesiano, que por sua vez é usada para legitimar como universal o conhecimento produzido por esses

---

50. Ibid., p. 37.

homens. Dessa forma, "Depois de conquistar o mundo, os homens europeus alcançaram qualidades 'divinas' que lhes davam um privilégio epistemológico sobre os demais".[51]

Mas os sujeitos concretos que produzem o conhecimento fazem isso não apenas a partir de uma localização, mas também de determinados contextos socioculturais e históricos e de suas relações com outros sujeitos e elementos – humanos e não humanos – que compõem o seu mundo. Não há, portanto, nenhum sujeito universal que produz conhecimento, e sim múltiplos sujeitos situados produzindo conhecimento a partir de suas localizações, relações e interações.

O mito do sujeito cartesiano a-histórico e não situado que produz um conhecimento universal e imparcial foi então usado para legitimar como também universal o conhecimento do sujeito masculino, europeu e cis-hétero e apagar os rastros, interesses e a localização desse sujeito. Quando desvelamos esse mito, o que surge é o sujeito imperial, o sujeito que conquista, o sujeito arrogante que se considera o centro do mundo e que busca legitimar sua posição, seus interesses e sua violência através da pretensão de um conhecimento universal.

Esse conhecimento, por sua vez, produziu uma série de classificações usadas para legitimar esses interesses e essa violência e possibilitar a gestão do processo de colonização das diferentes regiões e populações colonizadas e colonizadoras.

Tais classificações ocasionaram identidades geoculturais, como "americano" e "europeu", e racializadas, como "negro" e "índio", dando lugar a categorias para classificar as populações mundiais. Com a expansão do colonialismo europeu, essas classificações foram impostas às populações do planeta, dividindo as pessoas e as regiões do mundo e hierarquizando-as de acordo com essas divisões.

---

51. Grosfoguel, 2003, p. 38, tradução minha.

Um dos pontos importantes desse processo é que a constituição da identidade "europeu" aconteceu em um contexto de dominação colonial em que essa identidade se consolida em relação a outras que passam a ser subalternizadas. Essa taxonomização "permeou todas as áreas da existência social e constitui a forma mais efetiva de dominação material e intersubjetiva".[52] A racialização das populações colonizadas, que fez parte desse processo, deu-se gradualmente e adquiriu diferentes formas ao longo do tempo. Aspectos físicos foram cada vez mais sendo interpretados como indicativos de pertencimento a grupos raciais. À medida que esse processo avançou, diferenças de fenótipo foram transformadas em marcadores de raça.

Se o sujeito europeu que criou essas classificações caracterizou a si mesmo e ao conhecimento que produz como universal, legítimo e racional, os saberes desses sujeitos racializados passaram a ser definidos, em contraste, como parciais, localizados, subjetivos, irracionais e ilegítimos – como produto da diferença colonial. Consolidou-se também uma concepção de humanidade que ainda não foi superada, "de acordo com a qual a população mundial foi dividida em dois grupos: superior e inferior, racional e irracional, primitivo e civilizado, tradicional e moderno".[53] A partir dessa divisão, propagou-se a ideia de que os povos "superiores" e "mais desenvolvidos" teriam a obrigação moral de levar esse desenvolvimento aos povos e às regiões considerados primitivos e incapazes de governar a si mesmos. Dessa forma se justificou o genocídio indígena, o roubo de suas terras e a escravidão dos povos africanos. Esse processo de genocídio, expropriação e dominação violenta foi caracterizado pelos colonizadores como triunfo da civilização e como superação do atraso e de formas de vida, pensamento e organização social tidas como primitivas,

---

52. Lugones, 1995, p. 3, tradução minha.
53. Ibid., p. 4, tradução minha.

irracionais, bárbaras, animalizadas e ultrapassadas. Da mesma maneira, bárbaros eram também aqueles que resistiram a esse processo civilizatório.

Surge então uma concepção de história como marcha em uma única direção, na qual diversos estágios se sucedem e cada um representa um avanço em relação ao anterior. Essa é a ideologia do progresso, que desenvolve uma ideia da história como o desenrolar desse progresso que hierarquiza também diferentes formas de organização social como pertencentes a diferentes estágios históricos mais ou menos avançados.

Desse modo, à medida que os europeus colonizavam outros continentes, "outros humanos habitantes do planeta passaram a ser miticamente concebidos como não sendo dominados pela conquista, nem inferiores em termos de riqueza ou poder político, mas como um estágio anterior na história da espécie nesse caminho unidirecional".[54]

Além de mascarar a violência cometida contra esses povos e justificar o processo de colonização, essa visão progressista da história confere uma aura de inevitabilidade ao processo. Afinal, se certos modos de vida são caracterizados como atrasados e pertencentes a um estágio histórico pré-moderno, que deve ser superado, é preciso que desapareçam para dar lugar à Modernidade, o que seria apenas o resultado inevitável do processo histórico.

É essa mesma lógica que opera quando se justifica o roubo de terras indígenas, hoje em dia, ao caracterizar os modos de vida dessas populações como atrasados e a sua ocupação de certos territórios como um empecilho ao progresso e ao desenvolvimento nacional. Assim, a noção de progresso justifica a violência.

Porém, se Lugones se inspira em grande parte na análise de Aníbal Quijano, ela acredita que é também necessário criticar e expandir a interpretação formulada por ele a respeito do papel

54. Ibid., tradução minha.

do gênero na organização do mundo pela Modernidade e colonialidade, por se tratar de análise que carece de profundidade e que não dá a devida atenção ao papel do gênero em moldar diferentes arranjos sociais na ordem colonial. Para isso, ela pretende abordar essa insuficiência e elaborar o que chama de "sistema de gênero moderno/colonial".

As críticas colocadas pela autora se alinham com o apontamento feito por Restrepo e Rojas a respeito de Quijano. Para os autores, os limites das elaborações feitas por ele – nas quais o sexo é caracterizado "como realidade biológica pré-discursiva e a-histórica" – tornam-se evidentes para quem tem familiaridade com a teoria *queer* e os últimos trinta anos de produção feminista, e representam um dos principais limites teóricos e políticos de sua obra.[55]

Tais críticas podem ainda ser entendidas em uma problemática mais ampla, como aponta a feminista decolonial afro-caribenha Ochy Curiel, que chama atenção para a ausência de uma análise aprofundada do gênero tanto em predecessores do pensamento decolonial contemporâneo – Franz Fanon e Aimé Cesaire, entre outros – quanto em pensadores mais contemporâneos – Quijano, Mignolo e Dussel –, apesar de suas importantes contribuições.[56]

Em relação à análise de Quijano, Lugones aponta como o gênero é restrito à organização do sexo. Além disso, ele "parece tomar como certo que as disputas pelo controle do sexo são uma disputa entre homens, acerca do controle, pelos homens, de recursos que são considerados fêmeas".[57] Assim, os homens nunca são entendidos como "recursos" sexuais, e as mulheres são entendidas como não participando de disputas pelo acesso sexual.

Para Lugones, "[o] gênero não precisa estruturar arranjos sociais, incluindo arranjos sociais sexuais. Mas arranjos de gênero

---

55. Restrepo e Rojas, 2010, p. 119, tradução minha.
56. Curiel, 2007.
57. Lugones, 1995, p. 6, tradução minha.

não precisam ser heterossexuais ou patriarcais".[58] Ela também fala sobre a necessidade de criticar a ideologia colonial do dimorfismo sexual, que teria sido imposta primeiramente sobre as sociedades colonizadoras para estruturá-las de forma a manter a divisão binária de gênero e a dominação patriarcal da mulher. Para ela é preciso levar em conta como o sexo biológico é construído a partir do gênero e como a ideologia do dimorfismo sexual acontece a partir dessa construção, para então compreender como opera o sistema de gênero moderno/colonial.

Ela também afirma que a redução do gênero ao privado e ao controle sobre o sexo e seus recursos e produtos é, ela mesma, resultado da produção cognitiva da Modernidade, que "compreendeu a raça como generificada e o gênero como racializado em formas particularmente diferentes para os Europeus/'brancos' e povos colonizados/'não brancos' ".[59]

Assim, Lugones chama atenção para como as categorias de gênero que organizavam a sociedade europeia no período da expansão colonial não se aplicavam às populações racializadas, frequentemente relegadas a uma animalidade que as afastou da "humanidade" europeia. Essa colocação também permite estabelecer um diálogo entre as críticas ao dimorfismo sexual e ao binarismo de gênero, desenvolvidas pelos estudos *queer*, com as críticas decoloniais que contextualizam a imposição dessas ficções sexopolíticas como resultado de uma ordem colonial. É possível, ainda, aprofundar as análises interseccionais, como as que caracterizam o *queer of color*, ao buscar entender a importância, para o desenvolvimento dessas normas, da racialização de populações colonizadas. Retomando Lugones, ela aponta como, anteriormente, na Europa, a categoria "mulher" era aquela à qual apenas as mulheres das sociedades colonizadoras pertenciam

---

58. Ibid., p. 2, tradução minha.
59. Ibid., p. 12, tradução minha.

plenamente. Enquanto mulheres burguesas eram consideradas mulheres, segundo a descrição do Ocidente, mulheres subordinadas e que viviam nas regiões colonizadas eram excluídas, vistas "como animais no sentido profundo de 'sem gênero', marcadas sexualmente como fêmeas, mas sem as características da feminilidade".[60] Com o desenvolvimento do capitalismo global, essas mulheres racializadas como inferiores "foram transformadas de animais em várias versões de 'mulheres' ".[61]

Dessa forma, a feminilidade associada à categoria "mulher" foi inicialmente algo aplicado apenas às mulheres brancas e burguesas, caracterizadas como frágeis e sexualmente passivas, enquanto as mulheres colonizadas, incluindo as escravas, foram caracterizadas em "uma gama de agressões sexuais e perversões, e como fortes o suficiente para realizar qualquer tipo de trabalho".[62]

A constituição das normas de raça, gênero e sexualidade, desenvolvidas de acordo com as necessidades do capitalismo global, está também intimamente ligada ao processo de colonização que fundou a Modernidade e a questões de propriedade, produção e relação com diversos modelos e formas de trabalho, como o escravo, o remunerado e o reprodutivo.

Isso vale igualmente para a produção de conhecimento e o acesso ao poder político. Assim, ao mesmo tempo em que a feminilidade atribuída a mulheres brancas e burguesas serviu para construir a masculinidade burguesa, que reproduz a posição social dos homens burgueses, é preciso levar em conta como essa feminilidade leva à "exclusão das mulheres brancas e burguesas das esferas de autoridade coletiva, da produção de conhecimento, da maior parte do controle dos meios de produção".[63]

---

60. Lugones, 2008, p. 13, tradução minha.
61. Ibid., tradução minha.
62. Ibid., tradução minha.
63. Ibid., tradução minha.

Para as populações colonizadas, a imposição de normas de gênero e sexualidade europeias, que se deu ao longo do tempo e de acordo com as necessidades do capitalismo global, é uma forma de controle entendida como um marco civilizatório, e que foi acompanhada pela imposição do cristianismo. Dessa forma, discursos religiosos e, a partir do séc. XVIII, iluministas misturaram-se e operaram com o intuito de mascarar violências e dar um ar de benevolência ao processo de colonização.

Lugones ressalta também como outras formas de organizar o gênero e a sexualidade foram apagadas nesse processo, fazendo referência ao trabalho da poeta e ativista indígena e feminista Paula Gunn Allen e da feminista nigeriana Oyèrónké Oyěwùmí.

Oyěwùmí critica as feministas euro-americanas por frequentemente presumirem que certas organizações de gênero coloniais que marcam o seu contexto são universais, projetando a sua realidade para outros contextos nos quais ela não se aplica e ignorando outras formas de organizar a vida social. Assim, critica pesquisadoras feministas que, ao procurarem teorizar a subordinação das mulheres pelo mundo, acabam por assumir tanto a categoria "mulher" quanto a sua subordinação como algo universal.

Esse apontamento se alinha com críticas feitas por Butler a certas elaborações feministas que supõem essa universalidade e terminam por ignorar contextos diversos e a contingência da própria categoria "mulher", assumindo também a universalidade de sua subordinação. Ochy Curiel também é enfática ao afirmar que as importantes contribuições de feministas indígenas e afrodescendentes têm sido subalternizadas não apenas nas ciências sociais, mas "também no próprio feminismo, devido ao caráter universalista e a tendência racista que lhe atravessou".[64]

Essas análises universalistas, muitas vezes, terminam por pressupor a universalidade da família nuclear, encabeçada por um

---

64. Curiel, 2007, p. 94, tradução minha.

homem e na qual o feminino estaria associado à domesticidade e ao cuidado. Porém, mesmo após séculos de colonização, que envolveram a imposição da família nuclear, essa realidade continua não sendo universal. Oyěwùmí aponta que a família nuclear é uma forma de organização euro-americana que, em muitos casos, permanece distante da realidade das populações africanas, "apesar da sua promoção pelos Estados colonial e neocolonial, agências internacionais de (sub)desenvolvimento, organizações feministas, organizações não governamentais (ONGs) contemporâneas, entre outros".[65]

Em seu ensaio, Lugones comenta os apontamentos de Oyěwùmí sobre como o gênero não era um princípio organizativo da sociedade Iorubá antes da colonização. Para ela, os prefixos *"obin"* e *"yokun"* se referiam apenas às diferenças anatômicas, que não tinham implicações no papel social ocupado pelas pessoas referidas por eles. Outros fatores, como a ordem de nascimento, tinham um papel tradicionalmente muito mais importante na organização social das sociedades Iorubá. Oyěwùmí explica, então, como a antiguidade, baseada na idade relativa, é convencionalmente o princípio organizador central na sociedade Iorubá, de forma que as categorias de parentesco tradicionais codificam a antiguidade, e não o gênero. Exemplo disso são "as palavras egbon, referente ao irmão mais velho, e aburo, para o irmão mais novo de quem fala, independente do gênero".[66]

Ela explica também como a categoria *"oko"*, registrada em inglês como "marido", não se refere a nenhum gênero ou forma de anatomia específica, e o mesmo se aplica à categoria *"iyawo"*, que geralmente é traduzida como "mulher". A distinção entre esses dois termos é baseada em quem são os membros de nascimento de uma família e quem entra pelo casamento. Para Oyěwùmí, na

65. Oyěwùmí, 2004, p. 4.
66. Ibid., p. 6.

sociedade Iorubá, a organização social com base no gênero é resultado da colonização. Ela acrescenta ainda que o regime de gênero introduzido pela colonização é uma ferramenta de dominação baseada na designação de duas categorias em oposição binária e em uma relação de dominação de uma pela outra – na qual mulheres são dominadas por homens –, que passam a ser a norma. Nesse regime, "mulheres são aquelas que não têm um pênis; aquelas que não têm poder, que não podem participar da arena pública".[67]

O processo de colonização envolveu, portanto, não apenas a dominação do povo Iorubá por colonizadores, mas a criação de uma hierarquia interna que estabeleceu na sociedade Iorubá a sujeição dos sujeitos designados como mulheres por aqueles designados como homens. Essa dinâmica se repetiu em diversas sociedades colonizadas, nas quais hierarquias baseadas em normas europeias de gênero e sexualidade foram impostas de modo a se tornar internas a essas sociedades. Esse processo também contou, em muitos casos, com a colaboração de homens dessas sociedades, que viram vantagens em ocupar uma posição superior no interior das hierarquias impostas.

Fazendo referência ao trabalho de Gunn Allen sobre populações indígenas do território que hoje chamamos de Estados Unidos, Lugones chama também atenção para como diversas sociedades se organizavam de forma não patriarcal, reconheciam formas de sexualidade não heterossexuais e não se organizavam de acordo com um binário de gênero. Isso significa que muitas dessas sociedades reconheciam ou reconhecem gêneros além do binário e que muitas também reconheciam/reconhecem pessoas intersexo sem procurar "corrigi-las" ou "normalizá-las".

Assim, Lugones aponta como a subordinação das mulheres indígenas – ocorrida juntamente com a imposição do binário de gênero, da heteronormatividade e do cristianismo –, esteve intima-

---

67. Lugones, 2008, p. 8, tradução minha.

mente ligada à dominação dessas populações e às mudanças em seus modos de vida. Citando como exemplo os Cherokees, ela assinala que, antes da colonização, "[a]s mulheres Cherokees tinham o poder de guerrear, decidir o destino de prisioneiros de guerra, falar ao conselho dos homens, tinham o direito de ser incluídas em decisões de políticas públicas, de escolher quando e com quem se casar, o direito de portar armas".[68] E essa posição foi perdida à medida que arranjos patriarcais foram impostos, assim como ocorreu com muitas outras populações, com o apoio de alguns homens indígenas cooptados com o propósito de impor normas patriarcais.

Essa imposição de normas coloniais a sociedades indígenas não é um processo total nem acabado. Se é verdade que muitas populações colonizadas adotaram normas coloniais, há ainda sociedades que não sofreram essa imposição e outras que estão sofrendo neste momento, uma vez que o projeto colonial avança sobre novos territórios e povos.

Da mesma forma, em diversas populações que passaram pela experiência da imposição de normas cis-hétero-patriarcais e do apagamento de seus modos de vida, há movimentos de resistência e de resgate de tradições, práticas e epistemologias. Portanto, não se pode falar do processo de imposição de normas coloniais como acabado e muito menos como irreversível; ele é múltiplo, inacabado e ocorre em meio a várias formas de resistência que seguem vivas e presentes.

Retomando Lugones, a autora alerta para a importância de entender o lugar ocupado pelo gênero em sociedades pré-coloniais para apreender a dimensão das mudanças em estruturas sociais que foram efetuadas com o avanço da colonização e do capitalismo global e que aconteceram mediante um processo lento, mas constante, e que ainda segue sua marcha em meio à violência, mas também às lutas e às resistências.

68. Lugones, 2008, p. 11, tradução minha.

A imposição do dimorfismo sexual, do binário de gênero e das normas patriarcais envolveu não apenas a dominação dessas populações por colonizadores e a das mulheres pelos homens, mas também outras mudanças sociais profundas. O sistema de gênero imposto desempenhou também a função de "desintegrar relações comunais, relações igualitárias, pensamento ritual, tomadas de decisão coletivas, autoridade coletiva, e economias".[69] Dessa forma, a imposição de hierarquias baseadas no gênero mostra-se indissociável do desmonte de relações igualitárias e da crescente organização de sociedades pautadas em estratificações de forma geral, resultando na atomização e no isolamento das pessoas que, ao longo do tempo, passam a ser integradas de diferentes formas em economias capitalistas como consumidores e força de trabalho (remunerado e não remunerado).

Esses processos pelos quais as populações colonizadas passaram podem ser relacionados aos que ocorreram no seio das sociedades colonizadoras com o desenvolvimento do capitalismo, que envolveu a imposição de normas cis-hétero-patriarcais e o desmonte de formas de organização comunitárias e laços sociais à medida que essas populações foram sendo integradas na economia capitalista. Com o avanço da colonização e do capitalismo global, relações de solidariedade foram substituídas por relações de mercado, e os sujeitos, agora produtores e consumidores, passaram a se organizar em famílias nucleares, que são também produto de normas e hierarquias de gênero.

Lugones contextualiza, então, como as atuais noções de gênero, sexualidade e raça se constituíram mutuamente com o avanço da colonização e do capitalismo global, que marcaram a Modernidade, apagando outras formas de entender e organizar as relações sexuais e de gênero e a vida social.

---

69. Ibid., p. 12, tradução minha.

A colonização e o genocídio de populações racializadas foram acompanhados de um espistemicídio, isto é, um apagamento de formas de enxergar o mundo e elaborar saberes, de modo que o conhecimento produzido pelo sujeito europeu, masculino, branco e cis-heterossexual é elevado à condição de único conhecimento válido. No caso dos povos da África, por exemplo, enquanto milhões eram capturados e vendidos como escravos e/ou mortos, "se proibiu que os africanos no continente americano pensassem, rezassem ou praticassem as suas cosmologias, conhecimentos e visões de mundo".[70] Assim, as populações colonizadas foram submetidas a um racismo epistêmico que não apenas desqualificava o seu conhecimento, mas procurava ativamente destruí-lo, o que levou muitas populações a desenvolverem estratégias de resistência para preservar e passar adiante seus saberes.

O racismo/sexismo epistêmico que universalizou uma forma de conhecimento enquanto desqualificou todas as outras também gerou padrões mundiais relacionados a produção e valorização de saberes que perduram até hoje. Esses padrões são o que autores decoloniais chamam de "colonialidade do saber", que está intimamente ligada à "colonialidade do ser", que produziu uma desigualdade ontológica entre os diferentes sujeitos, inferiorizando todos aqueles que não correspondem ao sujeito supostamente universal e produtor de conhecimento concebido por Descartes. Dessa forma, criou-se um paradigma a partir do qual "todos os sujeitos considerados inferiores não pensam".[71]

O questionamento desse paradigma por autores decoloniais/pós-coloniais e pelos diversos sujeitos historicamente inferiorizados pelo colonialismo e pela colonialidade tem envolvido também o resgate e a valorização de saberes, de epistemes que foram historicamente apagados. Nesse sentido, se as teorias e

---

70. Grosfoguel, 2013, p. 48, tradução minha.
71. Ibid., p. 52, tradução minha.

lutas *queer* pretendem desenvolver uma crítica capaz de abordar os efeitos do colonialismo e da colonialidade, é preciso não somente levar em conta tais efeitos, mas abrir espaço para epistemologias além das eurocêntricas, como as derivadas do chamado pós-estruturalismo. Elaborar essa crítica envolve diálogos com epistemologias diversas, como as indígenas e africanas.

Essas reflexões devem ser feitas a partir de um entendimento da conexão entre as diferentes normas e ideologias coloniais e de como elas afetam e moldam nossas identidades, subjetividades, as estruturas sociais que nos cercam e o nosso imaginário. Afinal, como nos diz Grosfoguel, essas diferentes ideologias "integram a matriz de poder colonial que em nível global ainda existe".[72]

Tendo elaborado a importância de articular os estudos decoloniais com as teorias e mobilizações *queers* e de desenvolver analíticas *queers* que confrontem o legado colonial, é possível começar a pensar sobre como tais articulações têm sido feitas. A partir disso, é possível aprofundar a problemática das diferentes manifestações do *queer* fora de um contexto anglo-europeu.

A virada decolonial e os trânsitos do *queer* pela América Latina

Se teorizar o colonialismo e a colonialidade nos permite pensar a teoria e as lutas *queers* com maior profundidade, surge também uma problemática que complica a tradução das teorias *queers* para além do que chamamos de Norte Global. Ao recorrer a epistemologias e elaborações teóricas e políticas derivadas, primariamente, de um contexto anglo-estadunidense para lidar com realidades sudakas, não se corre o risco de reproduzir padrões de colonialidade que supervalorizam o conhecimento que vem desse contexto em detrimento de outros saberes e epistemologias? Afinal,

---

72. Id., 2012, p. 243, tradução minha.

segundo Grosfoguel, talvez "seja mais adequado utilizarmos a palavra 'monólogo' para descrever as relações epistemológicas dos intelectuais do Norte Global com o conhecimento produzido a partir do Sul Global".[73] Para ele, os intelectuais eurocêntricos do Norte Global, assim como os missionários católicos do séc. XVI, seguem pregando suas teorias para que sejam aplicadas mundialmente na análise de realidades muito distintas, sem dar a devida atenção às diferenças entre os diversos contextos.

Assim, não seria a popularização das problemáticas *queer*, e especialmente da teoria *queer* acadêmica, um sintoma dessas relações epistemológicas? Não teria essa popularização um potencial colonizador? Pensando nessas questões, o próprio uso do termo *queer* fora de contextos em que o inglês é falado já se torna questionável. Como já dito, o uso do termo em um contexto político e acadêmico tem sua origem na reapropriação de uma ofensa. Embora na própria língua inglesa o *queer* tenha perdido parte da força original, em razão da popularização do termo em um contexto não ofensivo, o seu uso original, se traduzido, seria equivalente a "teoria bicha", "teoria viadinha", ou algo similar em português. Atualmente, o termo *queer* não gera qualquer tipo de constrangimento quando usado em ambientes acadêmicos brasileiros.

Isso nos faz questionar a persistência do termo em inglês, ainda mais quando dispomos de diversas palavras em português e espanhol que são usadas como insulto e que foram reapropriadas por diferentes comunidades, tais como viado, bixa e *marica* (em espanhol). Como assinala Pedro Paulo Gomes Pereira, em sua tentativa de elaborar um "*queer* dos trópicos" em diálogo com os estudos decoloniais, "será que o uso desse termo sinaliza uma

---

73. Grosfoguel, 2012, p. 338, tradução minha.

geopolítica do conhecimento na qual certas pessoas formulam teorias a serem aplicadas por outras? Como, então, nós podemos traduzir a expressão 'queer'?".[74]

Mesmo com esses problemas, as teorias *queers* vêm se deslocando em suas diferentes vertentes, não apenas pelo meio acadêmico, mas entre ativistas, artistas e entre diferentes dissidentes de sexo/gênero que têm se apropriado e inventado novas elaborações e práticas, às vezes em diálogo com questões relacionadas à colonialidade, outras vezes, não.

Porém, antes de aprofundar essas questões e falar do trânsito do *queer* pela América Latina, de forma geral, e pelo Brasil, mais especificamente, vale recapitular a ética *queer*, a fim de estabelecer uma relação mais clara entre ela e os trânsitos e reapropriações do *queer*, considerando as suas consequências. Primeiramente, vale retomar o caráter antinormativo e antiassimilacionista dessa ética. Se essa dimensão caracteriza o *queer* como um ponto de oposição, confronto e mobilização em direção ao esfacelamento de regimes normativos e das epistemologias e relações discursivas e materiais que os sustentam, devemos pensar em um *queer* em oposição a todas as normas e relações que reproduzem a colonialidade em suas diferentes formas.

A necessidade de pensar essa reformulação do *queer* se dá não apenas por causa do caráter mutável da teoria e dos sujeitos *queer*, mas também devido à profunda relação entre as normas tradicionalmente questionadas pela teoria *queer* e o legado da colonização – tanto no chamado Sul Global quanto no Norte Global.

Assim, da mesma forma que foi necessário pensar as normas de gênero e de sexualidade em conjunto com as normas raciais, por serem todas normas que se constituem mutuamente, é preciso pensar a relação dessas normas com a colonialidade. Aqui,

---

74. Pereira, 2019, p. 29.

abigail Campos Leal nos oferece uma chave para entender como o caráter antinormativo e antiessencialista da ética *queer* permitiria pensar um *queer* sudaka.

Fazendo referência ao trabalho da autora Eve Kosofsky Sedgwick e a como ela apresenta o *queer*, abigail fala de um *queer* que comporia "um termo multiterritorial, trans-fronteiriço, inter e trans-nacional (*sic*), disseminado, dissimulado", que representa uma problemática aberta e inominável.[75] Dessa forma, esse *queer* não seria o nome de uma posição definida, "mas uma interpelação situacional ou oposicional, marcando um lugar problemático, que desvia em relação a uma norma, ou que faz a própria norma (se) desviar".[76]

Essa maleabilidade do *queer*, que o define por seu caráter oposicional e antinormativo, ao mesmo tempo em que recusa qualquer tipo de essencialismo e identidade fixa, deixando o termo aberto a novas apropriações e ressignificações, é o que permite pensar o que significaria o *queer* em contextos fora do Norte Global. Assim, Leal nos diz que, "Se esse giro, essa reapropriação, ou melhor, essa expropriação significante produz efeitos potentes para as pessoas 'queers', ele não deve tornar-se uma nova plataforma identitária fechada e autossuficiente", mantendo-se a possibilidades de desvio sempre aberta.[77]

Aqui, a palavra-chave talvez seja "expropriação". Surge, então, um convite para expropriar o *queer* do Norte Global (e da academia) e desenvolver novos experimentos. A ética *queer* e sua rejeição de qualquer tipo de universalismo são o que possibilita realizar essa expropriação e experimentação não apenas no campo teórico, mas também nas ruas, campos e matas que habitamos e por onde transitamos e entramos em contato com outros seres e corpos. Contudo, se falo em um convite, é preciso

---

75. Leal, 2021, p. 54.
76. Ibid.
77. Ibid., p. 56.

dizer que o *queer* já vem circulando há bons anos por terras sudakas com resultados ambíguos e as tensões que isso implica. E é sobre essa circulação e essas tensões que pretendo falar agora, tendo esclarecido a problemática em torno dos trânsitos do *queer* por diferentes terras.

Focarei nas apropriações do *queer* na América Latina, de forma geral, e no Brasil, em particular, por tratarem dos deslocamentos do *queer* pelo Sul Global, com o qual tenho maior familiaridade e que se aproxima mais do contexto em que vivo e de onde escrevo. Apesar disso, acho importante apontar que há diálogos muito ricos ocorrendo sobre a apropriação do *queer* na África e na Ásia, por exemplo.

Um ponto de partida interessante é o livro Queer nos Trópicos, de Pedro Paulo Gomes Pereira, uma das tentativas mais conhecidas de articular as teorias *queers* e decoloniais no Brasil.[78] Nele, Pereira se pergunta como seria possível articular a teoria *queer* e os estudos decoloniais considerando que o próprio *queer* não é externo à colonialidade, especialmente em relação à colonialidade do saber, quando falamos do *queer* como potência para pensar nossas lutas fora do Norte Global. Assim, ele aponta como, apesar de sua potência subversiva, "não há como pensá-la isoladamente dos contextos geopolíticos de seus itinerários e de sua apropriação, bem como dos processos de tradução implicados".[79] Pereira questiona, então, se a teoria *queer* não estaria reproduzindo a relação entre o Norte e o Sul Global, na qual o Sul fornece dados e experiências a serem teorizadas pelo Norte, que, por sua vez, cria teorias e as exporta para o Sul.

Apesar disso, ele afirma que o próprio *queer* contém elementos que ajudam a lidar com esse dilema e que abrem espaço para uma aproximação das perspectivas *queers* e decoloniais. Um desses elementos é a recusa ao universalismo – algo que temos visto ao

---

78. Pereira, 2015.
79. Pereira, 2015, p. 413.

longo deste trabalho e que é resultado do caráter antiessencialista da ética *queer*. Não há, portanto, nenhum sujeito *queer* estável e universal, e sim uma multiplicidade de subjetividades que se apropriam do *queer* em diferentes contextos, em uma série de interpelações e desafios à normatividade, e lhe dão novas formas.

Pereira argumenta, então, que os corpos *queer* são construídos na diferença colonial, que produz dissidências de gênero e sexualidade que não podem ser separadas de determinado contexto geográfico, cultural e histórico. Como argumenta o autor, tanto a teoria *queer* quanto os estudos decoloniais constituem "ideias e práticas, corporificadas e localizadas que denunciam e fustigam essas divisões geopolíticas, e se movimentam de forma a romper e recuperar as Teorias, produzindo com isso algo novo".[80]

A teoria *queer* e as perspectivas decoloniais têm sido insistentes em sua recusa de qualquer pretensão de aplicabilidade universal, e a elaboração dos saberes surgidos desses campos tem denunciado e ridicularizado a Teoria com T maiúsculo e sua suposta universalidade. Dessa forma, uma teoria *queer* decolonial seria aquela que, rejeitando essa pretensão e a autoridade de uma Teoria, "faz troça de si e flutua com as interpelações dos corpos, tendendo, nesse abalo e nessa renúncia, a se apaixonar por outras teorias – as teorias-outras que surgem na multiplicidade de corpos e subjetividades".[81] Esse seria um *queer* que se permite ser afetado, transformado e afastado de si mesmo ao longo de seus trânsitos.

Se as perspectivas decoloniais implicam não uma rejeição do que vem do Norte Global e sim diálogos, apropriações e expropriações dessas ferramentas e saberes, pode-se pensar em um *queer* antropofágico que devora e digere o *queer* que vem de fora para

---

80. Pereira, 2015, p. 418.
81. Ibid., p. 413.

produzir outras formas de pensar as dissidências contra os regimes de normalização nessas terras, podendo então estabelecer diálogos Norte-Sul e Sul-Sul a partir dessas perspectivas diversas.

O trabalho de Pereira procura problematizar a centralidade de certos autores e conceitos euro-estadunidenses na produção acadêmica *queer* brasileira e apontar para a insuficiência de certas elaborações para lidar com as dissidências de sexo-gênero em contextos coloniais. Parte desse trabalho é feito ao comparar as experiências de (de)subjetivação de Preciado (que marcam também suas elaborações sobre o regime farmacopornográfico) com as de Cida, uma travesti que ele conheceu em um abrigo para pessoas com aids e com quem conviveu. Pereira aponta, então, os diferentes elementos que produzem o corpo e a subjetividade de Cida, dando destacando a sua relação com a umbanda e como essa relação desempenha um papel importante na produção e negociação de sua subjetividade travesti.

A partir dessas experiências, ele elabora uma série de reflexões sobre a relação entre religiões afro-brasileiras e a subjetivação de mulheres trans e travestis em um contexto brasileiro, ressaltando a insuficiência de ferramentas teóricas vindas da teoria *queer* do Norte para lidar com esses elementos. Nessas elaborações, surge também outra travesti, chamada Cilene, que trabalha como funcionária na rodoviária de Santa Maria limpando banheiros. Taxada de "aberração", Cilene foi afastada do convívio com sua família. Apenas após décadas e muito trabalho e paciência por parte de Cilene é que ela voltou a conviver com a família.

Quando seu pai se tornou debilitado por uma doença, Cilene conseguiu voltar a viver com sua mãe, irmãos e sobrinhos, cuidando daquele pai que a afastou e lhe impôs violências. Mesmo com a insistência de sua família em continuar chamando Cilene por seu nome morto, ela persiste na convivência familiar e no trabalho com essas relações. Pereira aponta ainda que, apesar de Cilene frequentar as paradas lgbt+ e as manifestações onde expressa o orgulho de ser travesti, o convívio familiar apresenta outro espaço de resistência. No entanto, esse espaço se distancia dos modelos de resistência heroica tão presentes em narrativas ocidentalizadas que celebram a superação individual. Em vez disso, Cilene explicita uma forma de resistência que está "na descida ao cotidiano, no preparo da alimentação, na arrumação, no cuidado e cultivo persistente das relações familiares".[82]

Dessa forma, se a reapropriação do insulto *queer* manifesta a diferença de forma orgulhosa e estabelece uma forma de resistência, Cilene apresenta outra forma de resistência que, por meio de outra gramática, "também expressa a incômoda e inassimilável diferença de corpos e almas que teimam em se fazer presentes".[83] Ela demonstra, então, através dessa insistência, que, para além das formas de resistência heroicas, há sempre caminhos que podem ser traçados no banal, no cotidiano, em nossas vidas diárias. O caminho traçado por ela se torna mais relevante quando levamos em consideração que, em muitos contextos de violência, que limitam as novas possibilidades de ação, estratégias mais sutis e localizadas no ordinário podem ser as únicas possíveis no momento, e podem também abrir caminho para outras estratégias.

Pereira aponta ainda o papel que a relação de Cilene com a espiritualidade opera nesse contexto. Ela se diz "filha de Oxum, dona dos rios de água doce, da saúde, beleza e fertilidade", já seu corpo é de Xapanã, "dono da vassoura, que varre para longe as coisas negativas e ruins e com suas sete vassouras traz as coisas boas, basta pedir a Ele".[84] Ela recorre então a Oxum para dar significado para suas características femininas e para a vontade de estar com a família, e a Xapanã para explicar sua insistência

---

82. Pereira, 2015, p. 424.
83. Ibid.
84. Ibid., p. 425.

em resolver os problemas dos outros. Sua relação com a espiritualidade atua na construção da sua subjetividade travesti e nas formas de resistência, entre outras coisas, apontando para formas alternativas de pensar a subjetividade e a resistência de dissidências de sexo-gênero.

Pereira também aborda as elaborações de Agamben sobre as origens e o desenvolvimento do pensamento político e legal do Ocidente, que formulam uma crítica à metafísica da tradição política ocidental. Ele aponta que a profundidade e a erudição da análise de Agamben contrastam com a ausência de análises sobre como o próprio Ocidente, como entidade geopolítica, se constituiu historicamente por meio da dominação dos Outros. Assim, seus conceitos são elaborados "sem referência ao colonialismo, tampouco às intervenções críticas da luta contra a opressão colonial e contra a lógica imperial de controle baseada na exclusão racial".[85] Para Pereira, esse silêncio é um reflexo da colonialidade e do eurocentrismo que é fruto dela. Torna-se necessário preencher essas lacunas e romper esse silêncio para que o pensamento de Agamben possa ser articulado de modo a conseguir lidar com os efeitos do colonialismo e da colonialidade. As elaborações dele sobre a biopolítica no Ocidente podem, então, ser situadas na história das relações coloniais, tornando possível "identificar a colonialidade do poder como dimensão formativa do paradigma político do Ocidente".[86]

Pereira nos fornece, por fim, uma importante contribuição para problematizar os deslocamentos do *queer* para o Sul Global, sem negar ou descartar o seu potencial subversivo. Ele aponta os limites de certas elaborações produzidas em outros contextos e/ou que não dão devida atenção à colonialidade, ao mesmo tempo em que procura abrir caminhos para estabelecer um diá-

---

85. Pereira, 2015, p. 420.
86. Ibid., p. 422.

logo com essas elaborações a partir de outros contextos e subjetividades, e assim formar novas epistemologias, estratégias e alianças. O trabalho de Pereira representa um passo importante e tem sido uma das principais referências acadêmicas para pensar a articulação entre os estudos *queer* e os estudos decoloniais neste território que chamamos de Brasil. Mas, apesar do valor de suas contribuições, elas também apresentam limites, como aponta Jota Mombaça.

Mombaça tem sido uma das vozes mais críticas às apropriações do *queer* no Sul Global, sendo ela própria influenciada pela teoria *queer*, mas sempre atenta aos limites dessas apropriações pelo meio acadêmico e à pouca atenção dada aos efeitos da colonialidade. Assim, indica que falta a uma "elite teórica do *queer* nos trópicos" reconhecer como a colonialidade do *queer* não se dá apenas na relação entre o Norte e o Sul globais, mas "também de dentro para dentro, por efeito de um 'colonialismo interno' levado a cabo pelos mesmos teóricos de gênero que ora questionam a supremacia do *queer* do Norte sobre os *queer* do Sul".[87] Para ela, a oposição entre Norte e Sul é muitas vezes colocada de forma que apaga as tensões internas ao Sul e contribui para a perpetuação de modos de dominação.

Ao falar do texto de Pereira, Mombaça reconhece a importância de seu trabalho, mas tece algumas críticas, dentre elas, aponta como o autor compara a história de Cida, contada em terceira pessoa, com a de Preciado, contada em primeira pessoa, mas "em nenhum momento alude à própria história, ou assume a implicação que o próprio corpo tem no tipo de produção conceitual que ele leva adiante em seu texto".[88] Dessa forma, embora o texto de Pereira chame atenção para as relações de colonialidade que ocorrem entre a produção acadêmica do Norte e do Sul Global e

---

87. Mombaça, 2016, on-line.
88. Ibid.

aponte alguns caminhos para superá-las, Mombaça argumenta que o texto se sustenta "sobre um apagamento sistemático das próprias marcas corpo-políticas de quem escreve".[89] Nesse sentido, o texto de Pereira continua a reproduzir o distanciamento entre o sujeito produtor de conhecimento e a sua própria produção teórica, o que tem caracterizado a "epistemologia do ponto zero" que ainda permanece fortemente enraizada na academia.

Mombaça afirma, então, a necessidade de uma "desnaturalização radical dos procedimentos acadêmicos, incluindo uma problematização das relações sujeito-objeto", assim como a de um olhar crítico sobre os "efeitos de interpelação que a apropriação do *queer* desdobrou em territórios como o nosso".[90] Ela procura interpelar aqueles a quem se refere como a "elite *queer*" e seus procedimentos críticos, apontando a necessidade de questionar relações de colonialidade para além daquelas que se dão entre o Norte e o Sul, especialmente as reproduzidas pela própria academia.

Mombaça nos lembra de que enquanto o diálogo com perspectivas decoloniais chegava à academia brasileira através de autores como Pereira e Larissa Pelúcio, a ativista chilena Hija de Perra interrogava, "desde a própria dissidência sexual e de gênero, a matriz *queer* de conhecimento, oferecendo dessa forma uma resistência efetiva à interpelação *queer* como efeito de poder acadêmico", sinalizando já aí outras apropriações do *queer* na América Latina.[91]

Conhecida por sua estética extravagante, estilo sarcástico e humor ácido, Perra foi, entre outras coisas, atriz, modelo, cantora e estilista, conhecida também como ativista pelos direitos das mulheres e dissidências de gênero e sexo, que teceu duras críticas ao conservadorismo da sociedade chilena. Apesar de ter morrido com apenas 34 anos, ela deixou sua marca. Perra era uma pessoa

---

89. Ibid.
90. Ibid.
91. Ibid.

que caminhava nos limiares da identidade, se recusando a se enquadrar em uma identidade fixa. Afirmando que lhe causava arrepios se identificar com as novas caixinhas que surgiam para falar sobre o gênero e a sexualidade, ela se pergunta:

> Serei uma travesti sodomita lésbica ardente metropolitanizada? Serei uma bissexual afeminada em pecado com traços contra sexuais e delírio de transgressão à transexualidade? Serei uma tecnomulher anormal com caprichos ninfómanos multissexuais carnais? Serei um monstro sexual normalizado pela academia dentro da selva de cimento? Serei uma vida castigada por Deus por invertida, torta e ambígua? Serei uma homossexual ornamentadamente empetecada, feminina, pobre, com inclinação sodomita capitalista? Serei uma travesti penetradora de buracos voluptuosos dispostos a devires ardentes? Ou serei um corpo em contínuo trânsito identitário em busca de prazer sexual?[92]

Em seu texto "Interpretações imundas de como a Teoria Queer coloniza nosso contexto sudaca, pobre de aspirações e terceiro-mundista, perturbando com novas construções de gênero os humanos encantados com a heteronorma", Perra chama atenção para como a introdução da teoria *queer* na América Latina trouxe consigo todo um vocabulário e arcabouço teórico vindo do Norte, com os quais se passou a classificar e categorizar as dissidências de sexo-gênero sudakas existentes, apontando que práticas que fogem da cis-heteronormatividade já estavam presentes por estas terras antes da chegada dos europeus.

Assim, "Perra oferece pistas para a composição de uma genealogia marica, que deveria começar por investigar as imemoriais práticas não binárias e sexo-desviantes das comunidades indígenas".[93] O interesse nas dissidências de sexo-gênero, por parte da academia, direcionou o olhar de pesquisadores a toda uma variedade de pessoas que viviam e caminhavam por esses territórios, que criavam e exploravam formas de vida, processos de subjeti-

---

92. Perra, 2015, pp. 4-5.
93. Leal, 2021, p. 59.

vação e formas de resistência, muitas vezes ignoradas e marginalizadas. Nesse sentido, é como se, a partir da chegada de teorias vindas do Norte, essas dissidências passassem a existir e se vissem de repente enquadradas por termos que lhes soavam estranhos.

Perra questiona, então, sua relação com a teoria *queer* a partir da sua situação de dissidente que fala situada no Sul, mas que sente várias vezes que sua legitimidade vem do Norte quando se expressa em termos elaborados pelos estudos de gênero, os quais, em suas palavras, "se acumulam de repente em nossos limites territoriais e nos enquadram com novas etiquetas para fomentar e entender o exercício da existência e suas diferenças sexuais".[94] Perra se diz, então, "uma nova mestiça latina do Cone Sul" que nunca pretendeu se identificar como *queer* mas, em suas palavras, me "encaixo perfeitamente, para os teóricos de gênero, nessa classificação que me propõe aquele nome botânico para minha mirabolante espécie achincalhada como minoritária".[95]

Ela ressalta ainda como os estudos *queer* chegaram à América Latina por meio da academia e foram rapidamente absorvidos por ela, argumentando que, se alguns autores estadunidenses como David Halperin têm denunciado "a rápida institucionalização da *queer theory*, normalizada pelo seu êxito acadêmico, na América Latina e na Espanha esse processo parece ser ainda mais acelerado".[96]

A crítica de Perra, que dialoga também com as colocações de Mombaça, não tem por objetivo denunciar as teorias *queer* nem sua popularidade nas universidades por si só, mas, sobretudo, a falta de tensionamento em parte das apropriações acadêmicas e mesmo culturais do *queer*, que arriscam limitar o seu potencial subversivo e integrar as problematizações e demandas *queers* nas

---

94. Perra, 2015, p. 2.
95. Ibid., p. 3.
96. Ibid., p. 6.

sociedades capitalistas contemporâneas, notórias pelo seu poder de capturar e absorver as diferentes formas de oposição com as quais se confronta.

Assim, como afirma Perra, o "problema [...] está em que, com sua continuada transformação em um regime pós-político tolerante e multicultural, o sistema capitalista é capaz de neutralizar as reivindicações queer, e integrá-las como 'estilos de vida'".[97] Mombaça também nos alerta para a valorização da diferença por si só, apontando como a colonialidade opera "como uma devoradora de mundos e, portanto, se alimenta da diferença, ainda que não cesse de repor, como princípio de realismo social e político, o domínio do mesmo comum Moderno-Colonial".[98]

Aqui, precisamos nos recordar novamente do caráter antiassimilacionista da ética *queer*. A luta *queer* que se contrapõe ao ativismo lgbt+ assimilacionista não tem por objetivo a conquista de *status* igualitário para as dissidências de sexo e gênero nem a tolerância. Seu objetivo é confrontar as normas e instituições que sustentam esta sociedade e criar epistemologias e formas de viver e de se relacionar que se oponham ao capitalismo neoliberal. Trata-se de uma *ruptura*.

É justamente esse caráter de combate, de luta da teoria *queer*, que acaba muitas vezes por ficar em segundo plano em parte de suas manifestações acadêmicas, que também devem ser alvo de questionamentos (ainda mais pelo *queer* decolonial). Na América Latina, esse problema se torna mais evidente quando o *queer* se populariza primeiro no meio acadêmico para depois se popularizar em diferentes lutas e mobilizações – embora a separação entre a academia e as lutas sociais não seja tão clara ou definitiva.

Essa situação contrasta com o contexto estadunidense, no qual o *queer* se popularizou primeiro como luta e posteriormente

---

97. Perra, 2015, p. 6.
98. Mombaça, 2020, on-line.

no meio acadêmico. Assim, vale relembrar que o valor da produção teórica *queer* se dá na medida em que suas apropriações fortalecem as lutas das diferentes dissidências que nela encontram algum valor e que, através dessas apropriações, encontram novas ferramentas para interpelar e confrontar as normas que ferem suas existências e as instituições que as mantêm.

Nesse sentido, a relação entre as dissidências de sexo-gênero e outros grupos marginalizados e a teoria *queer* na América Latina permanece ambígua. Por um lado, acusam as teorias *queer* de serem excessivamente acadêmicas, elitistas e incapazes de lidar com a realidade das lutas sudakas, das quais os acadêmicos estariam afastados, segundo essa visão. Por outro lado, muitas dissidências, incluindo aquelas de fora da academia, têm encontrado na produção teórica *queer* ferramentas poderosas para utilizar em suas vidas e lutas. Além disso, muitas pessoas envolvidas nessa produção no meio acadêmico estão também frequentemente inseridas em diferentes lutas, e levam o *queer* para suas mobilizações, assim como levam suas lutas para a academia.

Esse processo de apropriação (ou expropriação) do *queer* pelas dissidências se fortalece, portanto, à medida que o *queer* escorre e flui para fora dos corredores da academia e em direção às nossas vidas e mobilizações, sendo tensionado no processo e contribuindo para a formação de novos agenciamentos. Nessas apropriações e desvios é preciso manter o *queer* vivo e afiado para que não perca o corte e a potência.

Retomando, essa condição ambígua da chegada do *queer* à América Latina faz com que sua recepção ocorra de três modos principais. A primeira é com uma rejeição e até mesmo um combate a tudo que se associa à teoria *queer*, que pode se dar por diferentes razões. Digo isso porque a rejeição à teoria *queer* por dissidências de sexo-gênero, por exemplo, tende a ser diferente da rejeição por setores conservadores, que o combatem como uma manifestação do que chamam de "ideologia de gênero". Quando falamos da reação de conservadores, essa oposição é esperada. Por outro lado, muitas dissidências terminam rejeitando as teorias *queers* de maneira apressada e, por vezes, até mesmo sem saber direito do que elas tratam, mesmo quando as muitas vivências, lutas e perspectivas guardam grande afinidade com o *queer* em certos sentidos.

O segundo, que vejo muito presente em círculos acadêmicos e em alguns círculos ativistas, é a recepção dos estudos *queers* sem a devida atenção à necessidade de tensionar esses estudos e aproximá-los mais das lutas de dissidências de sexo-gênero que não estão tão interessadas em igualdade ou assimilação. Como nos diz abigail Leal, grande parte da potência do *queer* como movimento termina por se perder quando ele é recebido de forma pouco crítica, resultando em que "a palavra, drenada de toda sua força disruptiva, se esvazia num modismo estéril e ritualístico, quer seja abraçando ou abandonando de forma apressada a teoria *queer*".[99]

O terceiro modo, por sua vez, é aquele que resulta em apropriações mais localizadas, críticas e em sintonia com vidas e lutas locais. Essas apropriações podem ser vistas, sobretudo, nas ações de coletivos *queers*, trans, feministas e anarquistas, entre outros, em okupas e nas ruas, em zines artesanais que circulam de mão em mão e nas alianças que se formam entre as diferentes lutas. Podem também ser vistas nas produções acadêmicas que estão em sintonia com essa circulação de afetos, saberes, corpos e táticas.

Como nos diz Fernando Pocahy, o desafio dos acadêmicos que elaboram as teorias *queer* e procuram desafiar as diferentes formas de colonialidade acadêmica e se colocar em uma posição de interlocução problematizadora não acontece apenas no contexto acadêmico, podendo ocorrer nas ruas, escolas, em coletivos

---

99. Leal, 2021, p. 53.

e em meio ao conflito social.[100] Para ele, é nesses terrenos que os pesquisadores *queers* poderiam "viver a experiência de seus corpos-problematizadores em recusa às grades disciplinares ou marcos de análise metateóricos, bem como revisitando seus possíveis privilégios diante de outras posições de sujeito".[101]

E, aqui, o caráter antiassimilacionista da ética *queer* deve servir como antídoto contra a possível neutralização de seu potencial subversivo através de apropriações pouco críticas e afastadas de lutas antissistêmicas, assim como seu caráter antifundacionista deve permitir que o *queer* se mantenha aberto a novas apropriações e ressignificações que lhe possibilitem lidar com as diferentes realidades com as quais se confronta nos mais variados contextos. E se as produções acadêmicas nem sempre têm estado à altura desse potencial, é inegável que há também valor nessas contribuições e ferramentas potentes para confrontarmos a ordem colonial e capitalista e seus arranjos identitários. Como diz Perra, a falta de referente singular do termo *queer* o deixa aberto à controvérsia e à revisão, de forma que ele pode se aplicar a todos que, em algum momento, foram alvejados pelos regimes normativos e instituições da ordem heterossexual e patriarcal. E se nada em nossas identidades é necessariamente fixo e o gênero é performativo, o *queer* nos traz uma valiosa contribuição ao fornecer "a possibilidade de subverter e deslocar aquelas noções de gênero que foram naturalizadas e reificadas, apoiando a hegemonia masculina e o poder heterossexual", e desafiar a ideia de que algumas expressões de gênero sejam verdadeiras e originárias e outras, falsas.[102]

Ela encerra suas reflexões perguntando-se se cabe a ela sonhar que o *queer* seguirá o seu legado de resistência sem se transfor-

---

100. Pocahy, 2016.
101. Ibid., p. 20.
102. Perra, 2015, p. 7.

mar em um modismo ou uma nova norma, desejando que "se transmute em uma constante destruição e criação amorosa onde todos possamos viver com sabedoria e prazer".[103]

Pocahy, por sua vez, se mostra menos preocupado com o debate sobre o potencial colonizador das epistemologias *queer*. Se reconhece as colonialidades presentes na academia, ele também ressalta como essas epistemologias não se dão em um local pacificado e sem tensões, e sim em um campo de disputas marcado por contestações, insubordinações, apropriações e traições que abrem espaço para novas epistemologias e diferentes processos de luta.

Para a argentina Nayla Vacarezza, os textos de Butler e de outros autores associados aos estudos *queer* não geraram apenas debates teóricos quando chegaram a seu país. As questões e reflexões geradas por sua recepção alimentaram uma série de problematizações a respeito das políticas de esquerda, dos feminismos e dos ativismos relacionados ao gênero e à sexualidade, assim como sobre os limites da identidade, da representação política e de certas noções acerca do sujeito político. Em suas palavras, "essa teoria e os seus conceitos não operaram em sua chegada a Argentina como um discurso de autoridade especulativo e desligado da prática política, e sim como operadores que provocaram e impulsionaram um intenso debate conceitual e político situado".[104]

Nesse sentido, a própria elaboração do *queer* acadêmico, tanto em suas manifestações euro-estadunidenses como nas sudakas, tem sido marcada por tensões e disputas ao longo de sua trajetória. Foi o que vimos nos diálogos entre o *queer* e os ativismos trans e na elaboração do transfeminismo, e no *queer of color* surgido de uma crítica a certas elaborações que não dão atenção à interseccionalidade e ao imperialismo, entre outras coisas.

103. Ibid., p. 8.
104. Vacarezza, 2017, p. 1260, tradução minha.

As tensões e críticas que o *queer* gera em seu trânsito pela América Latina e as interpelações por dissidências sudakas que tenho abordado realizam, então, operações de expropriação, decomposição e compostagem por meio das quais o *queer* se insere em novos agenciamentos. Essas mutações adquirem também novos nomes: agora, falamos em estudos *maricas*, teoria marica e bixa, estudos transviados, teoria cu e no kuir e cuir. Vemos nesses nomes não apenas uma latinização do *queer*, mas também diferentes formas de ressignificar termos pejorativos. E termos como viado, bixa e *marica* têm sido usados como insulto, mas reapropriados por dissidências latino-americanas, assim como *tortillera* e machorra entre outros. Mesmo antes de falarmos em *queer* nessas terras, dissidências já adotavam a estratégia de reapropriação da injúria, afirmação da diferença e interpelação e confronto a regimes normativos. Quando apropriado pelas dissidências, o *queer* provoca uma série de insubordinações *queer*, cuir, transviadas e feministas que geram uma "abertura a espaços-conexões para multidões em devir (multitudes) e para saberes-práticas que instauram outras epistemologias do mundo".[105] Essas são as epistemologias que se dão na interpelação do gênero, da sexualidade e da raça e na crítica dos dispositivos de saber/poder.

O *queer* se torna, então, uma potência que – por meio do desenvolvimento de estudos, epistemologias, práticas políticas, eróticas e culturais – permite uma contestação dos regimes de normalização e assujeitamento que permeiam as nossas vidas e distribuem violência, segurança, recursos e oportunidades de vida de acordo com nossas posições como sujeitos. E essa potência consegue se manter na medida em que o *queer* se proponha "Ao abandono de sua morada teórico-metodológica, (re)fazendo suas

---

105. Pocahy, 2016, p. 10.

estratégias, táticas, usos. Sua contingência é recuar de pronto logo ali onde poderia flertar com o desejo de moldar a vontade política dos outros".[106]

Essa colocação de Pocahy aponta novamente para a importância do caráter antiessencialista e não teleológico da ética *queer*, que abre espaço para que sua proposta e seus objetivos variem de acordo com as necessidades daquelas subjetividades que encontram no *queer* uma potência. Uma das potências que tem sido mobilizada nas múltiplas apropriações do *queer* é a de questionar os regimes identitários coloniais e as relações de saber-poder que os sustentam, o que tem gerado processos de resistência em que diferentes dissidências passam a se definir em seus próprios termos e desenvolver novas relações; processos que ocorrem muitas vezes de forma bem consciente e acompanhados por intensas discussões nas comunidades de pessoas dissidentes.

Alguns desses processos vêm se dando por estas terras antes do *queer* fazer parte do nosso vocabulário, e têm questionado e desafiado os binarismos que caracterizam a matriz heterossexual de forma contundente e com forte afinidade com a ética *queer* ao reivindicar vivências-outras. Um exemplo é a identidade travesti em algumas de suas manifestações – que, em sua especificidade latino-americana, com o tempo tem se consolidado, adquirido novos sentidos, sem se fixar em um único significado. Como abordado anteriormente, a travestilidade tem significados múltiplos e pode reivindicar para si tanto uma mulheridade-outra quanto uma rejeição ao binário de gênero. A reivindicação de uma travestilidade latino-americana que rejeita o binarismo de gênero é um exemplo de desafio direto a esse binário e à matriz heterossexual que surge, primeiramente, de um processo de luta, auto-organização e constituição de sujeitos coletivos e das experiências de travestis envolvidas nesse processo, e não

---

106. Ibid., p. 12.

como resultado de uma elaboração teórica (embora a produção acadêmica venha sendo cada vez mais apropriada por travestis envolvidas nesses processos).

Assim, a militante travesti argentina Lohana Berkins alerta para a diferença entre as vivências de travestis não binárias e as de pessoas trans que buscam se acomodar à lógica binária como homens e mulheres. Em suas palavras: "Grande parte de nós travestis latino-americanas reivindicamos a opção de ocupar uma posição fora do binário, e é nosso objetivo desestabilizar as categorias homem e mulher".[107]

Ela nos mostra como parte dos processos de constituição das identidades coletivas de travestis, cujo ponto de partida são suas vivências e mobilizações, ocorreu de uma forma que reivindica a diferença e expressa uma recusa ao essencialismo que demarca a identidade de gênero no regime da colonialidade. O que ela nos apresenta é uma compreensão da travestilidade como um processo de subjetivação que questiona a noção de identidade como limite, mas "sem procurar invalidar outras experiências subjetivas e relações, outras formas alternativas de viver e entender a travestilidade".[108] Também afirma que nos "reconhecemos por fora de qualquer disciplina teórica que se arrogue a faculdade de nos definir sem reconhecer a nossa agência e o nosso poder como sujeitas dentro do marco dos condicionamentos sociais que nos afetaram historicamente".[109]

A concepção da travestilidade apresentada por Berkins é, portanto, uma recusa a um enquadramento nas normas identitárias e nos saberes que procuram constituir travestis como sujeitos partindo de um olhar externo que não nos diz respeito, sejam esses saberes médicos, científicos, sejam das ciências sociais, entre

---

107. Berkins, 2007, on-line, tradução minha.
108. Ibid., tradução minha.
109. Ibid., tradução minha.

outros. Nesse sentido, ela traz alguns relatos bastante esclarecedores sobre sua relação com a academia. Berkins nos conta como, em um encontro de uma universidade em Buenos Aires, no qual houve um debate sobre a identidade travesti, um aluno de antropologia a definiu como um "homossexual com tetas", apontando para um olhar extremamente objetificante e alheio a sua realidade.[110] Por outro lado, ela afirma que as travestis argentinas encontraram bons aliados no espaço universitário, e algumas terminaram por integrar a área de estudos *queer* e multiculturalismo da Universidade de Buenos Aires, podendo então ocupar esses espaços e interpelar a academia a partir de suas próprias experiências.

Dessa forma, Berkins nos traz a constituição de uma travestilidade não identitária e constituída em oposição ao binarismo de gênero que se dá nas experiências coletivas de travestis e que se depara com a academia em um momento em que ela surge tanto como um olhar autoritário e objetificante quanto como um espaço onde geram-se alianças e ferramentas conceituais que fortalecem suas lutas – um novo terreno de luta a ser ocupado, disputado por travestis.

Nesse contexto específico, acontece o encontro dessa travestilidade sudaka com os estudos *queer* universitários, que, ao serem expropriados por travestis, contribuem com o objetivo afirmado por Berkins de desconstruir as dicotomias hierarquizadas impostas sobre vidas travestis e de pensar em uma travestilidade não identitária cujo ponto de partida é a noção de que as identidades assinalam limites no quais procuram nos enquadrar e podem se tornar excludentes e separatistas. Assim, em suas palavras: "Hoje tratamos de não pensar em sentido dicotômico ou binário. Pensamos que é possível conviver com o sexo que temos e construir um gênero próprio, distinto, nosso".[111] Dessa forma, se a

---

110. Id., 2003, p.130, tradução minha.
111. Berkins, 2003, p.134, tradução minha.

travestilidade pode ser entendida como a reivindicação de uma mulheridade-outra que se constitui nos próprios termos, também pode ser vista como uma fuga dos binários e da identidade e uma forma de subjetividade processual e aberta que traça uma linha de fuga sobre a qual podemos escapar de enquadramentos de gênero hegemônicos e majoritários. Nesse sentido, ela opera de forma muito parecida com o *queer* em outro contexto e vivências, em forte afinidade com o aspecto antiessencialista da ética *queer*.

Podemos também colocar as perspectivas de Berkins em diálogo com as reflexões de abigail Leal sobre a travestilidade em particular e as experiências trans de forma mais ampla, no Sul Global, tomando as vivências e a arte de pessoas trans, como a escritora e performer Hija de Perra, a atriz travesti argentina Susy Shock e o pesquisador, professor e quadrinista transmasculino brasileiro Lino Arruda. Para Leal, podemos pensar a experiência da travestilidade sudaka como algo relacionado à possibilidade de "des-re-fazer os caminhos em s/i, abrir novas estradas em s/i, construir outras vias, abrir sulcos em órbitas já traçadas, ex/orbitar", e nessas andanças se reconstituir sob novas formas e deixar para trás "nossos antigos casulos".[112]

A travestilidade pensada por Berkins e Leal é, então, mais do que uma identidade, um caminho e um processo de (re)criação que permanece aberto a novos sentidos e resiste às tentativas de enquadramento por normas de gênero, sejam quais forem. É também um chamado para nos reinventarmos e abandonarmos os limites dos processos de subjetivação que nos constituíram e criarmos processos de (de)subjetivação não assimilados e inassimiláveis. Surge, assim, a visão de uma travestilidade que é a afirmação de uma diferença que não quer ser assimilada nos regimes

---

112. Leal, 2021, p. 38.

normativos de representação, e a "afirmação de uma feminilidade híbrida, estranha e experimental, que não se pauta pelos regimes da normalidade para legitimar sua existência".[113]

Na visão de Leal, há também um quê de tragédia, no sentido nietzschiano do termo, nas performatividades e na arte travesti, que é evidente na arte de Susy Shock. Assim, se para Nietzsche a tragédia é uma forma de afirmação da vida e da existência em todos os seus aspectos, Leal vê na performatividade travesti sudaka uma monstruosidade que é, para ela, "a *afirmação monstruosa da vida*, mesmo em seus estratos mais sujos, imundos y violentos".[114] Ela nos fala de uma monstruosidade trans, ou "monstransidade" que "não pede permissão, não exige reconhecimento, ela só (se) firma, e (se) afirma errantemente nas precárias y singelas experimentações infinitas do corpo enquanto estrada, encruzilhada, desvio, retorno, beco, saída, ponte, atalho".[115]

Se os corpos trans são relegados à abjeção, e a precariedade e a violência marcam grande parte das vidas de pessoas trans, a monstransidade surge como uma recusa em ceder ao ressentimento e ao niilismo, e uma insistência em viver, lutar e criar. Essa afirmação que Leal vê não apenas nas vidas e na arte trans, mas também em uma arte cuir sudaka e marginal, não deve ser confundida com uma romantização da precariedade e da violência. O que ela aponta é que, mesmo diante de uma ordem colonial que impõe essa precariedade e violência, subjetividades que fogem da cis-heteronormatividade (principalmente aquelas que não gozam dos privilégios da branquitude) não têm cessado de afirmar suas existências e confrontar essas normas coloniais, criando e recriando formas de vida e processos de subjetivação.

113. Ibid., p. 74.
114. Leal, 2021, p. 31.
115. Ibid., p. 63.

Assim, as reflexões de Berkins e Leal sobre a travestilidade sudaka, a monstransidade e a arte cuir sudaka nos apontam processos de resistência e subversão das normas de sexo-gênero coloniais e seus binarismos e a afirmação de outras formas de existência e subjetividades pela América Latina, que, mesmo quando precedem ao *queer* em suas diversas manifestações, terminam por dialogar com essas manifestações e se apropriar e dar nova vida e novas formas ao *queer*/cuir/kuir.

Como complemento a essas reflexões, deixo um trecho do poema "Reivindico o meu direito a ser um monstro", de Susy Shock, que expressa melhor do que eu poderia esse *ethos* cuir antinormativo e sudaka de que tenho falado:

> Reivindico o meu direito a ser um monstro! E que outros sejam o normal, o Vaticano normal, o credo em Deus e virgíssima normal e os pastores e os rebanhos do normal, o Honorável Congresso das Leis do Normal, o velho Larousse o Normal. Eu só trago a luz dos meus fósforos, a face do meu olhar, o tacto do que é ouvido e o jeito vespal do beijar. E terei uma teta da lua mais obscena na minha cintura e o pénis erecto das cotovias galdérias e 7 sinais; 77 sinais; que raio estou eu a dizer...! 777 sinais da endiabrada marca da minha Criação. A minha bela monstruosidade, o meu exercício de inventora, de rameira dos pombos. O meu ser EU, entre tanto parecido, entre tanto domesticado, entre tanto "até à ponta dos cabelos". Um novo título para carregar. Casa de banho: das senhoras? Ou dos homens? Ou novos cantos para inventar.[116]

Quando as teorias *queer* chegam à América Latina, deparam-se não apenas com uma série de debates acadêmicos e ativismos nos quais intervêm e geram tensões e apropriações, mas também com diversas dissidências de sexo-gênero que se recusam a se enquadrar na normalidade e cujos processos de luta, resistência e criação encontram nessas teorias certa ressonância.

Nesse sentido, Leandro Colling afirma que, se as teorias *queers* se popularizaram no Brasil, foi em grande parte por conseguirem

---

116. Shock, 2016, on-line.

dialogar com realidades locais e com questões que estavam sendo pensadas por aqui. Em suas palavras: "será que não nos fascinamos pelos estudos *queer* justamente porque eles dizem muito sobre a realidade que nós conhecemos?".[117] Essa pergunta é lançada após alguns apontamentos feitos por ele para pensar uma genealogia do *queer* brasileiro. Assim, ele chama atenção para trabalhos que vinham sendo desenvolvidos por pesquisadores como Nestor Perlongher e Edward MacRae, que "se posicionava de uma forma muito crítica em relação ao que ele percebia ser uma tendência de parte do movimento homossexual da época: aspirava certo reconhecimento ao passo que aderia a uma normatização da vida homossexual".[118] MacRae criticava tendências assimilacionistas dentro do movimento homossexual brasileiro de sua época e as novas normas que emergiam e criavam hierarquias internas, gerando uma padronização que valorizava o gay másculo, viril e musculoso em detrimento de outras subjetividades gays.

Perlongher, por sua vez, analisava nos anos 1980 a construção da heterossexualidade como normalidade, criticando "o que se chama de normalização da homossexualidade, que criaria um modelo gay respeitável e deixaria nas margens novos marginalizados, a exemplo das travestis e 'das locas'".[119] Assim, fazendo referência à ideia de devir-mulher, de Deleuze e Guattari, ele propõe uma "sexualidade *loca*" que desafia a normalidade e cria linhas de fuga.

Vemos nesses trabalhos uma clara afinidade com perspectivas *queer* e com a ética *queer* em seu aspecto antiassimilacionista e antinormativo. Ambos os pensadores foram fortemente influenciados por Foucault, sendo Perlongher influenciado também por Deleuze. Perlongher também era conhecido de Sueli Rolnik, uma das principais tradutoras de Deleuze no Brasil, e, juntos, os dois

---

117. Colling, 2015b, p. 233.
118. Ibid., p. 227.
119. Ibid., p. 229.

liam seus escritos. Como já colocado, o livro *Cartografia sentimental*, de Rolnik, pode ser considerado o equivalente brasileiro do *Problemas de gênero* de Butler aos olhos de Colling, em razão de sua afinidade com a proposta *queer*.

Influenciada por Deleuze, e atenta aos diferentes processos de (de)subjetivação no Brasil pós-ditadura, ela traz uma série de reflexões sobre o desejo e a identidade e as suas diversas manifestações nesse contexto, fazendo referência ao movimento antropofágico da década de 1920 e a contracultura dos anos 1960 e 1970. Para ela, a antropofagia faz parte da realidade brasileira, e, para Colling, é também "muito aderente ao ser *queer*, por festejar e aprender com a mistura, a falta de essência, o constante processo de desterritorialização e o devir".[120] Apesar dessas afinidades, o tema abordado por Rolnik é mais amplo do que a produção teórica *queer*, e acho que dificilmente seu livro poderia ser considerado um livro *queer*.

Juntamente com esses autores, Colling cita manifestações culturais como o grupo de teatro Dzi Croquettes, que atuou no Brasil nos anos 1970 e desafiou as normas de gênero através de suas performances. Recorrendo também ao legado do movimento antropofágico ao falar sobre os estudos e o ativismo *queer* no Brasil, Marcos Mariano vale-se da imagem de um banquete antropofágico, onde seriam colocados "em um caldeirão com água fervente e temperos diversos o corpo e as ideias de Judith Butler, Eve K. Sedgwick, Paul B. Preciado, Sam Bourcier, David M. Halperin e Michel Warner, por exemplo".[121]

Dessa forma, ele nos dá mais elementos para pensar em possíveis genealogias do *queer* no Brasil. O que vemos nessas reflexões é como todos os elementos que caracterizam a ética *queer* já estavam bem presentes na América Latina e no Brasil mais especifica-

---

120. Colling, 2015b, p. 234.
121. Mariano, 2021, p. 2021.

mente, tanto em manifestações culturais e trabalhos acadêmicos quanto em diferentes lutas, mobilizações e no processo de negociação de subjetividades por dissidências de sexo-gênero.

Nesse sentido, podemos pensar que essa ética e as tendências que as constituem estão presentes para além das mobilizações, subjetividades e elaborações que se reconhecem como *queer*, de modo que seria possível inverter a lógica e pensar que as diferentes manifestações do que chamamos de *queer* são um produto dessa ética e de suas tendências e se alimentam dela. Os estudos e as teorias *queer*, por sua vez, alimentam essas tendências em seus deslocamentos pelo mundo e intervêm nos diferentes contextos em que se encontram.

Se uma das problemáticas envolvidas na recepção dos estudos *queer* é o seu tensionamento e apropriação para criação de novos conceitos e teorias, alguns autores têm procurado desenvolver novos vocabulários para lidar com a realidade brasileira. Um exemplo é Larissa Pelúcio. Para ela, os estudos *queer* sempre foram um espaço de luta política e de embate de ideias com o objetivo de combater a opressão, "Seja evidenciando o caráter compulsório da heterossexualidade; desconstruindo binarismos que enrijecem possibilidades de transformações; politizando o desejo; ou apontando para as crueldades dos discursos hegemônicos".[122]

Ela decide, porém, articular o que chama de "teoria cu", nome que foi inspirado em parte por Preciado e suas reflexões sobre o cu, como nos diz Pelúcio. Para a escolha desse nome, ela dá duas razões principais. A primeira deriva da expressão "no cu do mundo", usada para denominar locais isolados, distantes de determinados pontos de referência. Nesse caso, a expressão faz referência a nossa posição periférica em relação ao "centro da civilização", localizado nos Estados Unidos e na Europa. Essa forma de nos localizarmos chama atenção também para a colo-

---

122. Pelúcio, 2014, p. 74.

nialidade do saber, que privilegia esses locais como não apenas centro da civilização, mas do saber. Assim, ela afirma que se o mundo tem cu, ele tem também uma cabeça pensante, e através dessa metáfora desenha "uma ordem política que assinala onde se produz conhecimento e onde se produzem os espaços de experimentação daquelas teorias".[123]

O termo "cu", por sua vez, tem um sentido de abjeção no português brasileiro, assim como o *"queer"* em inglês, sendo associado à injúria, a dejetos e frequentemente ao que foge da heteronormatividade, mesmo que seja também um local de prazer, inclusive no sexo heterossexual. O cu é também algo que todos temos independentemente de qualquer identidade de gênero/sexual. Além disso, para Pelúcio, "O cu excita na mesma medida em que repele, por isso é *queer*".[124] Ao falar em uma "teoria cu", Pelúcio encontra uma maneira de evocar a reapropriação do insulto presente no termo *"queer"* ao mesmo tempo em que assinala o local periférico do Brasil gerado pela colonialidade do saber, e assim procura "evidenciar nossa antropofagia, a partir da ênfase estrutural entre boca e ânus, entre ânus e produção marginal".[125]

Já Berenice Bento fala em "estudos transviados", apresentando outra apropriação antropofágica dos estudos *queer*. Para ela, esses estudos analisam discursos médicos como aparatos de controle que limitam a diversidade dos corpos, gêneros, sexualidades e desejos e estabelecem "uma disputa epistemológica onde o corpo passa a ser um significante com múltiplos significados, uma estrutura estruturante em permanente processo de transformação".[126] Os estudos transviados seriam uma "forma de captura antropofágica do *queer* no Brasil, mas sem ater-se exaustivamente à discussão ontológica do termo ou sugerir uma

---

123. Ibid., p. 77.
124. Ibid.
125. Ibid., p. 85.
126. Bento, 2014, p. 49.

corrente teórica a ser exportada para toda a América Latina".[127] Bento também nos traz o conceito de "necrobiopoder" para pensar as relações entre a governabilidade e o poder soberano ao refletir sobre como a governabilidade necessita da produção de "zonas de morte" para operar.

Assim, ao falar sobre a constituição do Brasil como Estado-nação, chama atenção para como a pilhagem e o genocídio antecederam a expansão do biopoder, conceito que acredita que deveria ser aplicado de forma mais cuidadosa. Para Bento, precisamos estar atentos a como essa constituição se deu e se dá, em parte através do desejo por uma "eliminação sistemática daqueles corpos que poluem a pureza de uma nação imaginada, um tipo de 'correia de transmissão' de uma Europa também imaginada: branca, racional, cristã, heterossexual".[128]

Essa violência acontece tanto por meios estatais quanto não estatais, e constitui hoje uma verdadeira guerra civil que ameaça diversos corpos que fogem ao ideal colonial de nação que rege os projetos de Estado em todos os governos, inclusive nos que se dizem de esquerda. Como nos diz abigail Leal, esse fenômeno não é recente, "[a]lguns grupos sociais sempre viveram sob a mira de um revólver, rodeados por medo y perseguição, violência, estupros e assassinatos, em uma situação de guerra não declarada".[129]

As políticas de cuidado e administração da vida que caracterizam o biopoder se dão junto com uma série de políticas que alvejam os corpos que devem desaparecer. Quando não é o Estado que traz a morte, como no caso das operações policiais e chacinas nas periferias, ele opera como cúmplice de outros atores nessas zonas de conflito. É o que vemos quando o Estado faz vista grossa para assassinatos de travestis, raramente investiga-

---

127. Mariano, 2021, p.163.
128. Bento, 2018, e185305.
129. Leal, 2021, p.144.

dos com seriedade, ou permite incontáveis ataques de pistoleiros a mando de latifundiários contra comunidades indígenas e quilombolas – que muitas vezes ocorrem com a colaboração da própria polícia e são facilitados por políticas que incentivam e se recusam a penalizar a grilagem.

Essa violência é uma atualização da violência colonial que marca certos corpos como aqueles a serem eliminados, uma vez que são um empecilho para a concretização de um ideal de nação. Bento define então o necrobiopoder como "um conjunto de técnicas de promoção da vida e da morte a partir de atributos que qualificam e distribuem os corpos em uma hierarquia que retira deles a possibilidade de reconhecimento como humano e que, portanto, devem ser eliminados e outros que devem viver".[130] Como resultado desta hierarquia, temos uma distribuição de violência de acordo com a posição dos corpos que por ela são demarcados. Surgem daí sujeitos caracterizados como empecilho ou ameaça à sociedade, o que justifica a violência que recai sobre eles. Entre os exemplos de sujeitos que ela dá estão "o bandido", os "invasores de terra", os "invasores de prédios públicos", os "ideólogos de gênero", os "artistas pedófilos", as pessoas em situação de rua e travestis. Nota-se que, nesses exemplos, temos tanto sujeitos que se reconhecem nesses termos (travestis) quanto sujeitos que são a projeção de um imaginário paranoico que cria monstros a serem combatidos (artistas pedófilos e ideólogos de gênero).

Além disso, o caráter claramente político e performativo dessas denominações pode ser observado em termos como "invasores de terra". Em um país marcado pela expansão do latifúndio por meio da apropriação de terras públicas, de agricultores, quilombolas e indígenas com o uso da violência, é muito esclarecedor que aqueles que são chamados de invasores de terra e demonizados pela mídia sejam os movimentos sociais de luta

---

130. Bento, 2018, e185305.

pela terra que enfrentam latifundiários, como o Movimento dos Trabalhadores Rurais Sem Terra (MST). Também é esclarecedor como o MST é frequentemente taxado de "terrorista" por políticos e pela mídia, enquanto latifundiários que ordenam que aviões joguem agrotóxicos sobre aldeias indígenas e que pistoleiros assassinem lideranças de movimentos de luta pela terra raramente são caracterizados dessa forma.

Bento nos dá, então, dois exemplos contemporâneos de técnicas que operam no sentido de provocar a eliminação de certos corpos. Primeiro, ela nos fala de medidas relacionadas ao sistema carcerário, como "comida estragada, não atendimento médico, superlotação das celas, pessoas presas sem acusação formal e sem sentença".[131] Para ela, essas medidas não são o resultado de uma suposta crise do sistema carcerário, e sim parte de um projeto que insere corpos (geralmente negros) em certos espaços, excluídos do resto da sociedade, e então os deixa morrer. Assim, técnicas disfarçadas de cuidado, mas que mascaram a morte que produzem, são aplicadas sobre os corpos que se encontram sob a tutela do Estado.

Ela também fala sobre os autos de resistência, instrumentos criados em 1969, pela Ditadura Civil-Militar, para justificar o assassinato de opositores e que hoje são usados para amparar a violência policial, o que inclui execuções extrajudiciais. Mas, se no primeiro exemplo, utiliza-se a aplicação de técnicas que produzem a morte ao longo do tempo, no segundo apresenta-se uma forma de matar o mais rápido possível. Nos dois casos é mobilizada a imagem do "bandido", associada, por sua vez, a jovens negros e periféricos através de uma série de estereótipos reproduzidos na mídia (principalmente em programas de jornalismo "pinga-sangue", como o *Brasil Urgente*, apresentado por José Luiz Datena). São esses corpos que são marcados com um alvo e caracterizados como bandidos em potencial, justificando então a

131. Ibid.

violência aplicada pela polícia. Assim, o necrobiopoder nos permite pensar o biopoder em outros contextos, em conjunto com essas técnicas de eliminação de corpos e suas relações com normas e discursos que produzem, ao mesmo tempo, esses "sujeitos ameaçadores" e as justificativas para sua eliminação. O aprofundamento da sua elaboração pode ser pensado juntamente com críticas a essas normas, técnicas e discursos, e também às instituições e formas políticas que os sustentam, como a própria polícia e o Estado-nação.

Podemos ver, então, como as apropriações antropofágicas do *queer* geram novos vocabulários e conceitos ao se apossarem do *queer* que chega ao Brasil e gestarem novos conceitos que nos permitam lidar com os diferentes contextos locais em meio a debates e disputas. O *queer* no Brasil tem fortalecido várias lutas e produzido tensões ao questionar as tendências conservadoras que direcionam diversas formas de violência contra corpos sexo-gênero dissidentes e certas formas de ativismo que lutam por uma política assimilacionista de inclusão, focada em marcos legais, e que mantêm intactas ou mesmo reforçam as estruturas e instituições perpetuadoras da violência contra corpos dissidentes.

Essas tensões incluem críticas que têm causado polêmicas no Brasil, assim como em outros países, que englobam acusações de que ativistas e acadêmicos *queer* estariam negando a importância da luta por direitos e a conquista de marcos legais. Para Leandro Colling, trata-se de críticas equivocadas. De acordo com ele, o "que os estudos e ativismos *queer* fazem é pensar sobre os limites dessas políticas em escala macro, que outras políticas devem ser realizadas e como podemos lidar com as que já possuímos".[132]

Os estudos *queer* não representam então uma recusa total à luta por direitos, e sim uma crítica à aposta exclusiva (ou quase exclusiva) na conquista de direitos por grande parte do ativismo

---

132. Colling, 2015a, p.184, tradução minha.

lgbt+ institucionalizado. A crítica envolve a necessidade de desenvolver estratégias de luta para além da política institucional e de problematizar como certas políticas públicas e estratégias podem reforçar normas e instituições que geram exclusões e distribuem a violência. Para Marcos Mariano, são marcantes as diferenças entre o ativismo lgbt+ institucionalizado e o ativismo *queer*. Enquanto o primeiro é focado na conquista de marcos legais e no desenvolvimento de políticas públicas para identidades marginalizadas e tende a operar através de estruturas de organização institucionalizadas, o ativismo *queer* procura atuar a partir de uma base identitária aberta e dá preferência a uma atuação fora das instituições, buscando abordar "de maneira cada vez mais emergente o atravessamento das questões raciais, étnicas, de capacitismo e trabalhadores/as precarizados/as para manobrar um discurso anticapitalista".[133]

Assim, as lutas *queers* se diferenciam pelo seu caráter antiessencialista e antinormativo, que se manifesta principalmente na recusa em se organizar em torno de identidades fixas e no foco em ações que não operam por vias institucionais, mantendo uma crítica também aos limites dessas ações. Os coletivos *queer* também tendem a se organizar a partir de modelos mais horizontais e menos institucionalizados, buscando centrar o protagonismo das pessoas diretamente afetadas pelas questões em pauta.

Porém, se o ativismo *queer* não se opõe à luta por direitos e muitas vezes ativistas e acadêmicos *queer* se envolvem nessas reivindicações – como é o caso da luta por leis que desburocratizem o reconhecimento do gênero de pessoas trans –, acredito que é preciso tensionar as diferenças entre esses ativismos e o movimento lgbt+ institucionalizado, necessidade que se pauta no caráter antiassimilacionista da ética *queer*.

133. Mariano, 2021, p. 168.

Se as lutas *queers* surgem em grande parte de uma recusa à assimilação por uma ordem social e de uma luta pela sua transformação, enquanto grande parte do ativismo lgbt+ luta pela manutenção dessa ordem e pela inclusão nela, há um conflito direto de interesses e uma diferença irreconciliável. Essa diferença é ainda maior quando o *queer* envolve a crítica e a oposição radical ao Estado-nação, suas instituições e ao colonialismo. Assim, é preciso se aprofundar nessas diferenças e no caráter antiassimilacionista da ética *queer*, se quisermos manter a radicalidade dos estudos e das lutas *queer* e evitar que sejam totalmente neutralizados e absorvidos pela ordem social vigente.

O *queer* contra a assimilação

Se é preciso tensionar as diferenças entre as mobilizações *queer* e o ativismo lgbt+ assimilacionista, as críticas que pensadores e ativistas *queers* têm feito a essas formas de ativismo são um bom ponto de partida. Elas têm estado presentes ao longo deste trabalho, seja nos apontamentos de Jasbir Puar sobre a mobilização do homonacionalismo, seja na atenção que Ferguson dá à necessidade da interseccionalidade e da crítica ao Estado-nação e ao capitalismo.

Apesar disso, é preciso aprofundar esse aspecto das teorias e lutas *queer* para compreendermos melhor a dimensão antiassimilacionista da ética *queer* e a sua importância para manter o *queer* relevante como um ponto de crítica, confronto e criação de novos processos de (de)subjetivação e novas epistemologias e formas de viver, se relacionar e lutar contra as diferentes opressões que sustentam essa sociedade.

A crítica *queer* ao ativismo assimilacionista

Podemos começar pela crítica *queer* ao foco excessivo na luta por direitos que caracteriza grande parte do ativismo lgbt+ e outras formas de ativismo organizados em torno de identidades. Essa crítica não se restringe apenas aos limites dessa forma de política. Ela consiste em apontar também como direitos inscritos na legislação podem operar de forma a regular subjetividades e populações, e correm o risco de reforçar normas e instituições que reproduzem formas de exclusão, exploração e violência.

O próprio Estado é uma dessas instituições. Podemos questionar, por exemplo, se, quando movimentos lgbt+ e feministas recorrem ao Estado para se proteger da violência exercida contra mulheres e dissidências de sexo-gênero, eles não correm o risco de reforçar estruturas que produzem grande parte dessa violência e que atingem justamente aqueles mais vulneráveis. Como nos diz Marcelo de Trói, o Estado não deixa de ser um aparato utilizado pelas classes dominantes "que remonta aos períodos de independência colonial, no qual o poder das metrópoles foi passado para a elite dos países dominados, sem significar uma quebra de relação com o período colonial".[1]

Assim, políticas que fortalecem os aparatos do Estado teriam o efeito contraproducente de fortalecer instituições com origens coloniais como a polícia e o sistema carcerário, que são espaços de violência contra populações racializadas, o que inclui também violência de gênero e contra dissidências sexuais – a população lgbt+, por exemplo, corre um grande risco de sofrer violência por conta de seu gênero e/ou sexualidade nas prisões.

Como nos diz Jota Mombaça ao refletir sobre o movimento lgbt+ brasileiro, é preciso pensar no que está em jogo quando se luta pela criminalização da homofobia, que é também reflexo de um desejo de ser protegido pelo Estado. Para ela, a aposta nessas estruturas como fonte de proteção contra violências que recaem sobre a população lgbt+ é o reflexo de uma falta de imaginação política interseccional que gera formas de ativismo que se limitam a lutar dentro de determinado projeto de mundo pautado em exclusões. Além disso, Mombaça aponta que a violência contra essas populações está também enraizada em uma política do desejo que está além da lei, mas que organiza a atuação da polícia.

1. Trói, 2019, p. 12.

Este é "o desejo de perpetuação desse sistema que garante o direito de gerir e performar a violência não apenas ao Estado, mas também ao homem cisgênero".²

A polícia então age na pretensão de ser um agente neutro que detém o monopólio da violência em favor da lei e da sociedade mas, de fato, opera em proveito de uma ordem social que distribui e aplica a violência de acordo com certas normas e interesses, e é movida pelo mesmo desejo que move as violências contra dissidentes de sexo e gênero que ocorrem de uma forma não institucionalizada. Esse monopólio da violência, por sua vez, é justificado por uma ficção colonial baseada na ideia de que é possível mediar os conflitos sociais de uma posição neutra que justifica esse monopólio e que oculta os interesses por trás da violência estatal.

Além do mais, como nos diz Marcelo de Trói, essa política "institucional, estatal, tem sido muito pouco eficaz no que diz respeito à preservação da vida de pessoas com gêneros e sexualidades dissidentes".³ Assim, vemos que, apesar da proliferação de leis criminalizando a homofobia, a lesbofobia e a transfobia, entre outras formas de discriminação, a violência contra pessoas lgbt+ não tem diminuído de forma significativa.

Dean Spade nos convida, então, a refletir sobre "A persistência de diferenças salariais, demissões ilegais, ambientes de trabalho hostis, disparidades em contratações/demissões e violência motivada por preconceito" contra grupos contemplados por leis antidiscriminação e crimes de ódio.⁴ Para ele, essa persistência indica a necessidade de questionar a efetividade dessas medidas e de pensar outros caminhos. O que ocorre quando se busca a proteção contra a violência sexista e lgbtfóbica via Estado é a inscrição de certos grupos sociais na posição de vítimas que precisam ser

---

2. Mombaça, 2021, p. 69.
3. Trói, 2019, p. 11.
4. Spade, 2015, p. 40, tradução minha.

por ele protegidas e a legitimação de instituições extremamente violentas (principalmente contra populações racializadas), que, no fim das contas, só protegem os menos vulneráveis. É preciso então agir de forma mais crítica em relação às estratégias que buscamos desenvolver e é necessário pensar em como lidaremos com as diferentes instituições que produzem e reproduzem a ordem social e as suas violências.

Voltaremos para a questão da violência, mas antes vale aprofundarmos algumas reflexões de Spade e Sam Bourcier que nos forneçam ferramentas importantes para pensar como superar esses impasses. Ambos os autores procuram chamar atenção para as diferentes formas pelas quais as normas operam sobre os corpos através de instituições e como podemos ajustar nossas estratégias para não cair nas armadilhas em que grande parte do ativismo lgbt+ institucionalizado tem caído. Para Spade, a mobilização de um conjunto de normas "é central para a produção da ideia de um corpo nacional sempre ameaçado e para justificar a exclusão de certas populações de programas que distribuem riqueza e oportunidades de vida" – o que inclui programas de distribuição de terras, benefícios de segurança social etc.[5]

Ao mesmo tempo, as populações excluídas desses programas se tornam alvo de violência por meio de instituições como a polícia, os serviços de imigração, o sistema carcerário e outros agentes de forma mais difusa. O resultado é que essas normas procuram direcionar proteção e recursos para certas populações, e violência, exclusões e vulnerabilidade para outras. Para ele, a compreensão de como essas normas se relacionam entre si e se manifestam nas instituições nos permite pensar em estratégias mais efetivas e em modelos de organização e atuação que priorizem a liderança e as necessidades das pessoas mais vulneráveis.

5. Ibid., p. 5, tradução minha.

Afinal, quando deixamos que organizações não governamentais institucionalizadas, financiadas por corporações e lideradas principalmente por pessoas brancas e de classe média alta, pautem o ativismo lgbt+ e o feminismo, entre outras lutas, quem realmente está se beneficiando? Quando falamos em inclusão, quem está sendo incluído? E será que vale a pena lutar pela inclusão de certos grupos em um sistema cuja reprodução depende da produção de exclusão, violência e exploração?

Para Dean Spade, a institucionalização do movimento lgbt+ opera justamente no sentido de promover privilégios de classe e raça de uma elite lgbt+, via um ativismo focado na conquista de marcos legais como o casamento homoafetivo e a aplicação de leis antidiscriminação, enquanto dá pouca ou nenhuma atenção a pautas como a luta anticarcerária, antirracista, contra a violência policial e por moradia, entre outras, que não apenas estavam mais presentes anteriormente, mas que estão intimamente ligadas às lutas e questões enfrentadas por dissidências de sexo e gênero.

Esse ativismo tem, muitas vezes, envolvido parcerias com instituições violentas e corporações com uma trajetória marcada pela exploração brutal de pessoas e do mundo não humano. Essas alianças, por sua vez, criam a ilusão de que essas organizações estão ao nosso lado quando deveriam estar sendo confrontadas. Ao fazer da conquista de direitos através do Estado e da inclusão na ordem social uma prioridade, essa forma de ativismo termina por afirmar e reforçar a legitimidade da própria ordem social. Além disso, grande parte do movimento lgbt+ institucionalizado acredita que dissidentes de sexo-gênero devem criar uma imagem respeitável a fim de conquistarem mais direitos e serem mais bem aceitos socialmente, o que, no fim das contas, acaba sendo uma aderência à heteronormatividade.

Assim, há um abismo entre aqueles *queers* que levam a sério a luta contra a assimilação e o ativismo lgbt+ institucionalizado

– embora muitas vezes ambos possam se misturar na luta por direitos ou contra certas formas de discriminação. Por isso, é de extrema importância mantermos vivo e darmos atenção ao aspecto antiassimilacionista da ética *queer*. Afinal, a cooptação e neutralização das lutas é um dos maiores riscos enfrentados pelas mobilizações antissistêmicas, e as estratégias de qualquer tipo de movimento pautado na rejeição da ordem social em vez de na assimilação por essa ordem devem levar esse risco em conta.

Para Dean Spade e Sam Bourcier, isso implica desenvolver uma análise de três dimensões do poder, às quais Bourcier se refere como "triângulo do biopoder". Para ele, esse triângulo é constituído por mecanismos disciplinares, pela gestão da população e pelas tecnologias de segurança.[6] Todas essas dimensões operam mediante normas que determinam critérios de classificação e ação.

Bourcier também nos fala de três níveis de intervenção política: o nível dos direitos, que se refere ao quadro jurídico legal e tem sido o foco principal de ação dos movimentos assimilacionistas; o da disciplina, que concerne a como o poder atua diretamente sobre os corpos; e, por fim, o nível da população, que envolve as estratégias de administração de populações abordadas por Foucault. Para Bourcier, ao enfocar quase exclusivamente no primeiro nível de intervenção e ignorar os demais, "políticas gays e lésbicas assimilacionistas alimentam o tríptico nacionalista: Trabalho, Família e Pátria".[7]

Em sua perspectiva, é necessário que se dê mais atenção aos outros níveis de atuação política. Para isso, é preciso compreender como operam o poder disciplinar e a gestão de populações. Vamos, então, retornar à questão do biopoder para entender melhor como as mobilizações e lutas *queer* podem lidar com os dile-

---

6. Bourcier, 2020, p. 75.
7. Bourcier, 2020, p. 66, grifo do autor.

mas dos quais falamos. Aqui, Spade traz algumas considerações sobre as duas dimensões que nos ajudam a abordar a questão com mais profundidade.

Ele fala sobre como o modo disciplinar do poder procura moldar os corpos a partir de normas que produzem ideias sobre os diferentes tipos de pessoas e as formas apropriadas de ser e agir. Essas normas são aplicadas através de formas de policiamento e disciplina externas e internas, à medida que as pessoas as internalizam e passam a policiar o próprio comportamento para se enquadrar no que é considerado apropriado. É por meio das normas disciplinares que nos ensinam a ser "um homem, mulher, garoto ou garota de forma apropriada; como ser saudável, casto, pontual, produtivo, inteligente, extrovertido ou qualquer qualidade que seja valorizada em nosso contexto".[8] Por outro lado, elas nos ensinam o que devemos evitar para não sermos rotulados como loucos, criminosos, pervertidos, preguiçosos ou de qualquer outra forma que carregue um estigma.

Como vimos até agora, essas normas estão fortemente saturadas por noções de gênero, raça e sexualidade, entre outras. Assim, cria-se uma série de arquétipos que definem como deve agir o homem ideal, a mulher ideal, o cidadão ideal etc., e a impossibilidade de atingirmos esse ideal nos sujeita a um policiamento externo e interno que nos acompanha ao longo da vida e nos ameaça com as consequências que recaem sobre os sujeitos desviantes.

A resistência ao poder disciplinar, como nos diz Spade, tem se focado na oposição contra "normas que centram a branquitude, Cristianismo, heterossexualidade, masculinidade, o binarismo de gênero e a razão que produz hierarquias violentas de valor".[9] As estratégias de resistência ao poder disciplinar envolvem em grande parte expor a arbitrariedade dessas normas, criticar os sa-

---

8. Spade, 2015, p. 53, tradução minha.
9. Ibid., p. 55.

beres que as sustentam e desconstruir seus pressupostos, desnaturalizar as suas bases, expor seus efeitos negativos e reivindicar a legitimidade de outras formas de ser – o que envolve, muitas vezes, explorar e criar essas formas de vida e abrir as portas para novos processos de (de)subjetivação.

Tais estratégias estão claramente alinhadas com as propostas das teorias *queer* e as lutas com as quais estão em diálogo, como vimos até o momento. Dessa forma, é possível afirmar que a atenção dada a formas de resistência ao poder disciplinar é uma característica das estratégias *queer*. Podemos então adotar uma compreensão mais profunda das normas que motivam as diferentes formas de discriminação e violência contra dissidentes de sexo-gênero e evitar atuar de perspectivas que sejam excessivamente individualizantes e psicologizantes, que Bourcier chama de *perpetrator perspective* (perspectiva do perpetrador). Frequentemente invocada em mobilizações por leis que criminalizam a discriminação, essa perspectiva opera com base na ideia de que uma pessoa que insulta ou ataca outra, de forma preconceituosa, o faz com base em razões pessoais que precisam ser decifradas, e analisa essa situação de "uma visão intersubjetiva do insulto e sobre a forma linguística e explícita da discriminação".[10]

O foco nas motivações do indivíduo que discrimina termina enquadrando a ação como uma questão individual, quando na verdade esse indivíduo atua em um contexto que produz e reproduz as normas com base nas quais ele age. Além disso, as ações individuais mais explícitas de discriminação e violência são apenas uma pequena parte da violência exercida pela normalidade. Enxergar as manifestações das normas que afetam dissidentes a

---

10. Bourcier, 2020, p. 47.

partir de indivíduos que os insultam ou agridem, nos faz "esquecer os lares onde se proliferam: a prisão, a família e a polícia, o Estado e a educação, inclusive a universidade".[11]

Ao adotar uma visão mais ampla, é possível não apenas analisar melhor as relações entre lei, controle, distribuição e violência, mas compreender como estratégias baseadas em um modelo de discriminação focado demais na intencionalidade do indivíduo podem reforçar sistemas que retiram recursos e oportunidades e direcionam a violência aos mais marginalizados. Mas, para isso, é preciso abordar também como opera a gestão de populações. Essa dimensão do biopoder se manifesta por meio de intervenções que procuram afetar populações, e geralmente envolve intervenções aplicadas segundo a lógica da promoção da segurança ou da saúde da nação.

Os próprios programas que constituem e administram a nação estão incluídos nesse modo do poder. Tais programas incluem cobrança de impostos, recrutamento para o exército, redistribuição de renda, sistemas de criminalização e punição, programas para promover a saúde, censo e documentação, leis de imigração etc. Os critérios adotados por esses programas se pretendem neutros e os programas agem com a pretensão de beneficiar a nação e seus cidadãos. Por trás disso se ocultam as ideias e normas que definem quem são esses cidadãos e quais são suas características, e quais (ou quem) são as ameaças à segurança dessa população. Assim, as estratégias definem não apenas inimigos externos, mas também inimigos internos sujeitos à violência. Porém, enquanto alguns são considerados ameaças, outros podem ser considerados empecilhos. A figura do cidadão acomodado que vive de programas sociais (como o Bolsa Família, no caso do Brasil) e não contribui para a nação, por exemplo, tem sido usada para justificar ataques contra programas sociais – o que contribui para

11. Ibid., p. 48.

um aumento da vulnerabilidade das populações (já vulneráveis) que deles se beneficiam. Esses programas envolvem, então, a mobilização de ideias sobre quais corpos e vidas devem ser promovidos e quais devem ser excluídos, ou mesmo eliminados. Além disso, "são mobilizados através de ideias racializadas e generizadas mesmo que eles não nomeiem explicitamente raça e gênero em seus textos", e, por conta disso, têm efeitos racializados e generizados.[12] Um exemplo da mobilização do gênero e da raça são as políticas de combate às drogas e à criminalidade, ao mobilizarem a imagem do bandido (apresentada anteriormente) quase sempre caracterizado como um jovem homem negro. Essas políticas justificam operações de extermínio e encarceramento em massa. Assim, a generização e a racialização (como a sexualização) de sujeitos operam na construção da nação mediante intervenções que incluem sistemas administrativos e normas que preservam e cultivam algumas vidas e expõem as outras à violência.

Dessa forma, as operações do poder que envolvem a gestão de populações acabam tendo um impacto muito mais perverso do que as instâncias individuais de discriminação. Ao recorrermos ao Estado para nos protegermos da violência contra dissidentes de sexo-gênero, terminamos reforçando a legitimidade do Estado-nação e as normas e instituições que afetam os sujeitos mais vulneráveis. Partindo dessa percepção, muitos ativistas têm buscado desenvolver formas de atuar que rompam com a ideia de que o Estado é a instituição que deve mediar esses conflitos e nos proteger da violência e favoreçam a autonomia das subjetividades *queer*.

Assim, estratégias *queer* são frequentemente elaboradas em oposição direta ao ativismo lgbt+ que busca proteção do Estado. Mas que tipo de estratégias podemos oferecer como alternativa? Como lidar com a violência sem fortalecer o punitivismo e as normas que essas abordagens mobilizam? Spade aponta como al-

---

12. Spade, 2015, p. 60, tradução minha.

guns grupos e coletivos têm desenvolvido estratégias que incluem desenvolver ações preventivas para evitar violência; aumentar a capacidade de comunidades de responder a cenários de violência; criar formas de mediação de conflito e de acolhimento e proteção de pessoas vulneráveis, entre outras.[13]

Assim, subjetividades *queer* podem combater a violência forjando alianças e se fortalecendo entre si e às suas comunidades, em vez de fortalecer instituições e normas que produzem exclusões e violência. Para isso, é preciso desenvolver uma política autônoma e fora da dimensão estatal – o que não significa ignorar completamente essa dimensão. E se não podemos contar com o Estado para nos defender, é preciso desenvolver uma capacidade de autodefesa, como aponta Jota Mombaça. Afinal, se não pudermos ser violentas e não conseguirmos nos defender, "concentraremos em nossos corpos, afetos e coletividades o peso mortífero da violência normalizadora".[14]

É através do desenvolvimento de potências coletivas e *queers* que podemos confrontar de fato a distribuição desigual da violência, que, ao definir quais corpos são violentáveis e construir corpos cismasculinos como intrinsecamente viris, "é responsável, numa escala micropolítica, pela manutenção do medo com base nas experiências trans*, dissidente sexual e feminina para com o mundo".[15]

Nesse sentido, simpatizo com Itziar Ziga quando ela expressa seu incômodo ao dizer que, quando se fala da violência de gênero, "poucas vezes se alude à capacidade que nós mulheres temos – por estarmos dotadas de pernas, braços, fala e entendimento – de nos defendermos".[16] É como se a mulher (assim como as dissidências de sexo-gênero) fosse sempre dependente de uma figura masculina para se defender, seja pai, marido ou policial. Essa vi-

13. Spade, 2015, p. 122.
14. Mombaça, 2021, p. 78.
15. Ibid., p. 69.
16. Ziga, 2021, p. 80.

são é extremamente despotencializante. Para Mombaça, é essencial que abandonemos a posição de vítima (tomando como ponto de partida o fato de que estamos inscritas em uma guerra contra determinadas existências) e que lutemos pela vida ativamente.

No Brasil, as mais recentes atualizações dessa guerra se dão no contexto da ascensão do neofascismo que gerou o bolsonarismo e que agora executa uma contrarrevolução preventiva avessa a tudo que ameaça a ordem colonial: indígenas e quilombolas, feministas, negros e lgbts, professores de esquerda, sindicalistas, ambientalistas, anarquistas e comunistas. Nessa guerra, como nos diz abigail Leal, o poder colonial modula o niilismo contra todos esses corpos como forma de enfraquecer as dissidências. Para ela, a ordem colonial não quer apenas restaurar uma ordem totalitária e eliminar certos corpos, mas também separar corpos dissidentes de sua potência de agir e resistir; quer "moer os espíritos, saturar as forças vitais, devastar ontologias e esvaziar os ajuntamentos revoltosos".[17] Desse modo, a mobilização do niilismo gera corpos esgotados e saturados de afetos tristes, que são mais fáceis de manipular ou eliminar, corpos despotencializados.

É preciso, então, reconhecer a situação que envolve os corpos dissidentes e sair da posição de inércia e/ou dependência das políticas estatais, o que implica, entre outras coisas, elaborar formas de resolução de conflitos que evitem recorrer à esfera estatal e ao sistema de justiça, desenvolver formas de autodefesa *queer* que nos protejam e uns aos outros e também táticas de fuga. Precisamos ainda pensar na dimensão afetiva de nossas lutas, e em como criar agenciamentos que gerem afetos alegres e aumentem a nossa potência.

Como diz Mombaça, "É também sobre aprender a ler as coreografias da violência e estudar modos de intervir nelas. É sobre furar o medo e lidar com a condição incontornável de não ter a

---

17. Leal, 2021, p. 149.

paz como opção".[18] A construção da autodefesa pode ser desenvolvida em conjunto com uma ética de cuidado e apoio mútuo que se manifesta pela construção de redes de apoio não estatais entre pessoas *queers*. Nas palavras de Leal, é preciso "criar espaços y dinâmicas de cura e armar ataques y ofensivas. Autodefesa também é cuidado afetivo e emocional; dar conta das questões do amar, sofrer y curar".[19]

Esses são alguns pontos de partida para que possamos desenvolver uma luta *queer* que seja de fato antiassimilacionista e que adote outra relação com as normas e instituições que reproduzem a ordem social. Retomando a questão do punitivismo, vale perguntar: não estamos fazendo muito mais pelas pessoas *queers* mais vulneráveis quando nos juntamos à luta anticarcerária e apoiamos pessoas *queers* presas ou sofrendo violências por parte do sistema de justiça do que quando recorremos a essas instituições para combater a violência *queerfóbica*?

Afinal, o sistema de justiça e as instituições envolvidas estão entre os mais violentos reprodutores do racismo, do sexismo, da transfobia e da homofobia. Mas é possível criar outras formas de proteger uns aos outros e se engajar em táticas de desencarceramento, tais como: fornecimento de assistência jurídica, tratamento para usuários de drogas, recursos e apoio para prisioneiros *queers* e para prisioneiros de maneira geral. Desenvolver um conjunto de táticas e de relações que sejam condizentes com uma política *queer* antiassimilacionista significa também questionar os modelos de organização predominantes no ativismo institucional, frequentemente dominado por organizações não governamentais endinheiradas em aliança com corporações e po-

---

18. Mombaça, 2021, p. 80.
19. Leal, 2021, p. 152.

líticos capitalistas. Essa "ONGUIZAÇÃO" dos movimentos sociais produziu inúmeras consequências que acabaram por limitar seu potencial transformativo.

A ascensão desse modelo, como aponta Spade, resultou em um declínio de uma das principais estratégias de movimentos sociais, que é a mobilização das pessoas diretamente afetadas pelas questões envolvidas. Esse modelo envolve a liderança de ativistas que tendem a ter acesso a educação e recursos, representantes geralmente mais privilegiados de determinado grupo social. Assim, uma das críticas "à elevação do setor sem fins lucrativos como locus primeiro para a justiça social é que ela separou a provisão de serviços diretos e ligados à sobrevivência da organização".[20] É preciso entender também a ascensão das ONGs no contexto do neoliberalismo, que, ao retirar recursos destinados a programas sociais, cria um vácuo preenchido por ONGs e outras instituições privadas. As ONGs tendem a operar através de mobilizações por reformas que terminam legitimando a ordem social e as instituições que as sustentam, o que limita as possibilidades de que qualquer tipo de política realmente transformadora seja realizada através dessas formas de organização.

Se Spade critica a política do movimento lgbt+ institucionalizado, ele também aponta para como demandas que vão além do que é possível ser conquistado por meio de reformas têm surgido em espaços liderados por pessoas trans racializadas. Entre elas estão o fim da regulação da imigração, o fim do capitalismo e a abolição das prisões.

Essas demandas não cabem nas ONGs endinheiradas que se valem de *lobby* e acordos com as instituições dominantes, mas cabem na política dos *queers* que lutam por uma transformação radical da

---

20. Spade, 2015, p. 97, tradução minha.

sociedade e de suas normas e instituições. Como nos diz Boucier: "Nem reconhecimento nem inclusão, mas transformação e redistribuição: esse é o lema mínimo das políticas *queer* e transfeminista".[21]

A rejeição das políticas assimilacionistas praticadas por essas ONGs parte da constatação de que o campo do Estado e o da política institucional "demonstram-se incapazes em articular uma política que não seja pautada pela questão multicultural que cria elites minoritárias e provoca o acirramento das disputas".[22] Partem também da noção de que, no fim das contas, é preciso tomar como ponto da partida uma rejeição radical do projeto de sociedade colonial e capitalista para daí construir outras visões de mundo, epistemologias e formas de viver, lutar e nos relacionar com normas e instituições, e uns com os outros.

É preciso afirmar uma negação a essa ordem e uma diferença inassimilável, e é a partir da afirmação dessa diferença, dessas visões coletivas, desses modos de vida e dessas relações que podemos desenvolver ações que tragam um potencial transformador capaz de confrontar as armadilhas do assimilacionismo e dos essencialismos, usadas para regular nossas subjetividades. É justamente esse processo de criação coletiva que mobiliza e ressignifica as identidades e o caráter coletivo dos diferentes sujeitos *queer*, bem como suas prioridades éticas e táticas. Dessa forma, se a teoria *queer* dedica grande parte de seus esforços à desconstrução das normas que nos regulam e constituem, essa desconstrução pode ser encarada como "um processo transformador no qual compreender a constituição histórica de discursos, práticas e formas de ser nos permite compreender como as coisas poderiam ser diferentes".[23]

---

21. Boucier, 2020, p. 68, grifo do autor.
22. Trói, 2019, p. 11.
23. Nicholas, 2014, p. 160, tradução minha.

Como acredito ter demonstrado, um estudo dessa constituição mostra como essas normas, discursos e práticas estão enraizados e como se relacionam mutuamente e operam no sentido de gerar processos de subjetivação e assujeitamento que assegurem a manutenção de um projeto de sociedade que opera com base em violências e exclusões.

A negação, encarnada no aspecto antiassimilacionista da ética *queer*, é então necessária para que seja possível desenvolver novas formas de vida e processos de (de)subjetivação com um potencial radical. Nesse sentido, a negatividade *queer*, associada ao que muitos autores se referem como a "virada antissocial", fornece-nos caminhos para pensar a articulação dessa negação e assim concluir a tarefa de elaborar uma ética *queer*.

A virada antissocial e a potência da negação

Para além da assimilação política, do reconhecimento e da representação, uma série de teóricos *queer* tem procurado encontrar caminhos através do potencial da negatividade, ou seja, do fracasso, da recusa, da ruptura da negação e da pulsão de morte, entre outras formas de negatividade. Essas elaborações, que seriam resultado de uma dita "virada antissocial" nos estudos *queer*, constituem o que chamo aqui de "negatividade *queer*". Porém, meu objetivo não é abordar com profundidade essas perspectivas, e sim apresentar alguns autores e conceitos que nos permitam articular o potencial da negatividade em diálogo com a ética *queer*.

Um bom ponto de partida para falar sobre a negatividade *queer* é o livro *No future: queer theory and the death drive*, de Lee Edelman, uma das obras mais conhecidas associadas à virada antissocial.[24] Para Edelman, a potência do *queer* está em uma antipolítica que consiste na rejeição total da ordem social e da ideologia que

---

24. Edelman, 2004.

justifica sua manutenção e reprodução no futuro, que ele chama de "futurismo reprodutivo". Esse futurismo, que para ele é a base de toda política, é representado na figura da Criança, que não deve ser confundida com as crianças reais, de carne e osso.

Assim, a reprodução da ordem social que se efetua por meio da política é justificada com base nesse futuro que nunca chega, existindo apenas como um horizonte. Na sua perspectiva, a política é sempre conservadora, na medida em que "trabalha para afirmar uma estrutura, para autenticar a ordem social que ela procura transmitir para o futuro na forma de sua Criança interna".[25] Essa criança simbólica, evocada por conservadores quando afirmam ser preciso proteger as crianças das dissidências de sexo-gênero, representa a reprodução da ordem social no futuro, estando ligada também ao sexo heterossexual reprodutivo que viabiliza a (re)produção da Criança. Se essa Criança simbólica não deve ser confundida com as crianças de carne e osso, ela é, com frequência, mobilizada contra as crianças e jovens. Dessa forma, a figura da Criança que representa o futuro (cis-hétero) paira no ar quando, nas casas e nas escolas, se exerce todo o tipo de violência contra as crianças e jovens que dão algum sinal de que podem não se tornar homens e mulheres (cis) heterossexuais, "normais" e de família, ao crescer. Assim, a violência procura garantir que aceitem seu lugar na sociedade em nome do futuro, da Criança.

Se a reprodução da ordem social é representada pela Criança e ligada simbolicamente ao sexo heterossexual e reprodutivo, não surpreende que a sexualidade *queer*, que desvincula o sexo da reprodução, termine representando uma ameaça à reprodução da ordem social. Dessa forma, as dissidências de sexo-gênero que fogem da heteronormatividade têm sido caracterizadas historicamente e com frequência como uma ameaça à reprodução da sociedade no futuro, representada pela figura da Criança.

25. Ibid., pp. 2-3.

Nas palavras de abigail Leal, "Assim representadas na imagem da Criança, as sexualidades ocidentais – apesar de seus ares de libertação e pluralismo sexual – seriam herdeiras de um arcaísmo bíblico imemorial",[26] que consiste na associação entre as sexualidades não heterossexuais e a destruição do futuro, e pode ser observado na narrativa da destruição de Sodoma que inspirou os termos "sodomita" e "sodomia".

Ativistas e pessoas lgbt+ assimilacionistas têm feito de tudo para eliminar essa associação e se esforçado para demonstrar que podem ser cidadãos tão "normais" e produtivos quanto os cis-héteros. Procuram mostrar que não são promíscuos, pervertidos ou criminosos, que podem formar famílias (monogâmicas, é claro) e criar filhos, ser bons trabalhadores e cidadãos, e assim reproduzir essa mesma sociedade e os valores que a fundamentam.

Para Edelman, no entanto, *queers* não devem rejeitar o lugar de ameaça à sociedade e oposição ao futurismo reprodutivo e à Criança em nome dos quais o presente é sacrificado. Ele nos diz, ao contrário, que a *queericidade* "obtém o seu valor ético precisamente na medida em que ela assume esse lugar, aceitando seu *status* figural como resistência à viabilidade do social enquanto insiste na inextricabilidade dessa resistência em relação a toda estrutura social".[27] A potência do *queer* estaria justamente em seu caráter oposicional, que diz não ao Futuro, à Criança e a qualquer ideal positivo de sociedade e de interesse geral. A *queericidade* seria, em sua perspectiva, uma particularidade que teima em resistir à incorporação em qualquer ideal de sociedade, adquirindo um caráter puramente negativo e disruptivo.

Mas qual seria a justificativa para abraçar essa negatividade de acordo com Edelman? Nenhuma, porque "se a justificação requer que ela reforce qualquer valor positivo social; seu valor, ao invés

---

26. Leal, 2021, p. 44.
27. Edelman, 2004, p. 3, tradução minha.

disso, reside em seu desafio ao valor como definido pelo social, e, assim, em seu desafio radical ao próprio valor do social".[28] Então, o que vemos em suas elaborações é uma *queericidade* puramente negativa que ocupa o lugar de uma recusa e uma resistência, e que, desse lugar, ameaça desintegrar os laços que sustentam a ordem social e sua reprodução. Trata-se de uma *queericidade* que não pode ser assimilada pela ordem social, na medida em que representa uma recusa à sua viabilidade e valor. O autor elabora essa *queericidade* negativa a partir da "pulsão de morte freudiana relida pela psicanálise lacaniana e seus conceitos de Imaginário, Simbólico e Real".[29]

Assim, ele insiste no potencial da pulsão de morte como um excesso que escapa a qualquer tentativa de significação e representação, manifestando-se pela repetição compulsiva que "revela as ilusões da identidade e sociabilidade ao abrir um abismo na falta de sentido do real", mostrando que "o futuro é a fantasia de uma promessa que nunca pode ser mantida. O mundo de significados que acreditamos compartilhar com os outros é pura ilusão".[30] A pulsão de morte é também aquilo que desintegra a unidade do sujeito.

As colocações de Edelman podem ser entendidas em parte como uma crítica à hipocrisia da sociedade heterossexual que, em nome da proteção da Criança e do Futuro, golpeia quem foge de sua normalidade, incluindo as próprias crianças. São também uma rejeição dos rumos de um movimento lgbt+ cada vez mais focado na assimilação e no direito ao casamento, à paternidade/maternidade, e na respeitabilidade e "normalidade", tornando-se cada vez mais desprovido de qualquer tipo de caráter radical e oposicional. A essa política de respeitabilidade, ele opõe uma *queericidade* puramente negativa que não almeja inteligibilidade nem projeto futuro, mas a rejeição da ordem social e a afirmação de

---

28. Ibid., p. 6, tradução minha.
29. Colling, 2021, p. 4.
30. Ibid., tradução minha.

uma pulsão que, em seu movimento e gozo sem sentido, rompe as ilusões e falsas promessas da ordem social e provoca rupturas e fraturas em seu tecido.

    Edelman nos traz uma série de ferramentas importantes para pensarmos como manter o caráter oposicional da *queericidade* que se reflete nos aspectos antinormativos e antifundacionistas da ética *queer*. Ele também nos alerta para a importância da negatividade na manutenção deste caráter oposicional. Em certo sentido, é revigorante a força de sua rejeição a essa ordem social e a tudo que ela representa. Mas, se por um lado ele nos traz ferramentas importantes para pensarmos uma *queericidade* que se opõe ao futurismo reprodutivo do mundo cis-hétero, colonial e branco, a sua insistência em uma negatividade pura e sem propósito parece, para muitos, um beco sem saída. Para Mari Ruti, por exemplo, a celebração da negatividade por si só não significa muito além de uma retórica explosiva. Para ela, o tipo de negatividade pura elaborada por autores como Edelman representa uma "compulsão de repetição teórica, no sentido freudiano, que indica, entre outras coisas, uma fixação traumática que nos impede de avançar para novos terrenos conceituais".[31]

    Se essa negação nos protege contra as armadilhas das políticas assimilacionistas e os aparatos de captura que buscam neutralizar as lutas sociais, também corre o risco de produzir novas armadilhas. Afinal, nem todos os caminhos que desviam das políticas assimilacionistas nos levam a algum lugar ao qual valha a pena chegar. E qual é o sentido de recusar certos caminhos que não nos levam para onde queremos senão para buscar outros caminhos?

    Mas se o futurismo reprodutivo representado pela Criança nos faz escolher entre a assimilação pela ordem social e a oposição a ela, isso não significa que essa oposição precisa ser baseada na rejeição de qualquer tipo de futuridade ou projeto de trans-

---

31. Ruti, 2017, p. 39.

formação social. Como nos diz Ruti, "[...] caracterizar o futuro meramente como uma tentativa de recapturar um passado imaginário, como faz Edelman, é caracterizá-lo em termos desnecessariamente desprovidos de imaginação".[32]

Assim, a crítica da futuridade reprodutiva e sua negação podem servir como ponto de partida para pensarmos em outras alternativas. E se o futuro é marcado por uma imprevisibilidade constitutiva, podemos pensar em futuridades que permanecem abertas e não são baseadas em um investimento nessa ordem social nem em um otimismo ingênuo ou em um investimento em uma ordem futura e imaginada, e sim em um movimento duplo que nega essa ordem social afirmando modos de ser inassimiláveis em um movimento de ruptura.

Ruti também critica Edelman por sua recusa em se referir a qualquer identidade concreta, o que para ele representaria um retorno a uma política identitária ingênua. Assim, ele parece pensar que qualquer tentativa de buscar compreender como diferentes corpos e populações são afetados diferentemente por instituições e regimes normativos é uma ameaça à sua visão de *queericidade* negativa. Mas essa recusa corre o risco de recair na não marcação dos corpos que caracteriza o universalismo liberal e que tem mantido a posição privilegiada dos corpos brancos, cis e masculinos oculta.

Por fim, Ruti aponta que a rejeição total do simbólico, presente na *queericidade* negativa de Edelman, torna as subjetividades *queers* incapazes de qualquer tipo de criação nessa dimensão. O que Edelman nos apresenta, então, é uma *queericidade* capaz de romper com as ilusões do futurismo reprodutivo que sustenta a ordem social e gerar fissuras nessa ordem, mas incapaz de fazer

---

32. Ibid., p. 107.

algo *além* disso. Assim, no modelo de Edelman, segundo Ruti, "o único modo de criatividade disponível no mundo é a heteronormatividade reprodutiva".[33]

Nesse sentido, cabe aqui o alerta dado pelo periódico *Tiqqun* ao dizer que o "erro cardinal de toda subversão se concentra, a partir de então, no fetichismo da negatividade, no fato de se apegar a sua potência de negação como se fosse o mais próprio de seus atributos".[34] Dessa forma, se a potência da negação é necessária para desenvolver uma política radical que não caia nas armadilhas do assimilacionismo e é capaz de manter seu caráter oposicional, a negatividade não pode ser vista como um fim em si.

Afinal, se há a necessidade de negar determinada ordem social e o que ela representa, essa necessidade vem da percepção de que ela não condiz com certas formas de vida, e que se apresenta como um obstáculo limitador de nossas possibilidades ao determinar os parâmetros do que é aceitável e mesmo do que é possível. Se há uma rejeição dessa ordem social e de suas normas, é porque há desejos que não cabem nela e formas de vida e relações que são antagônicas a ela. A negatividade, então, em vez de ser um fim, torna-se um meio para desenvolvermos alternativas a partir de uma rejeição daquilo que está dado e de uma recusa em aceitar as promessas das políticas de assimilação. Dessa forma, a negação da ordem social e o aprofundamento do antagonismo entre seus limites e nossos desejos é o ponto de partida para a elaboração de outros caminhos e relações.

Podemos começar a pensar nessas alternativas tecendo um diálogo entre Jack Halberstam e Sara Ahmed. Se Edelman procura pensar a associação entre a *queericidade* e a destruição da ordem social e

---

33. Ruti, 2017, p. 118.
34. Tiqqun, 2014, p. 47.

do futuro, Halberstam articula a associação entre o *queer* e o fracasso, enquanto Ahmed procura pensar como as trajetórias das vidas *queers* se distanciam das noções de felicidade da ordem heterossexual.

Para Halberstam, "sucesso, em uma sociedade heteronormativa e capitalista, equipara-se facilmente a formas específicas de maturidade reprodutiva combinada com acúmulo de riqueza".[35] Essa ideia de sucesso, por sua vez, é associada a uma série de marcos que buscam determinar nossa trajetória de vida. Assim, somos considerados bem-sucedidos de acordo com a nossa capacidade de passar por esses marcos e nos adequarmos às expectativas que os acompanham. Alguns dos principais marcos são o sucesso profissional e o acesso a recursos financeiros (que permitem a aquisição de uma série de sinalizadores de *status* e sucesso), o casamento (heterossexual e monogâmico) e a reprodução e criação de filhos. Nesse sentido normativo, o sucesso depende em grande parte de uma combinação entre o acesso a recursos em uma economia capitalista marcada pela desigualdade, que gera precariedade, e a capacidade de se adequar a normas de gênero e a ideais de masculinidade e feminilidade.

Esses dois aspectos estão conectados, na medida em que a distribuição de recursos e a vulnerabilidade são, em grande parte, determinadas pelo modo como as normas de gênero, raça e sexualidade posicionam os corpos. No entanto, mesmo obtendo sucesso profissional, a existência *queer* é frequentemente marcada por uma associação com o fracasso: fracasso em formar uma família heterossexual, fracasso em ser um homem ou uma mulher de forma "apropriada", e assim por diante. Mas essa associação entre vidas *queer* e o fracasso não é experienciada por pessoas *queers* como algo que vem de fora, e sim como algo que descreve a relação dessas pessoas com suas próprias subjetividades.

---

35. Halberstam, 2020, p. 20.

Afinal, muitas delas passam grande parte de suas vidas procurando se adequar à cis-heteronormatividade e temendo fracassar nesse propósito. Nesse caso, o fracasso ou o medo do fracasso é, frequentemente, acompanhado de sentimentos negativos como medo, culpa, desilusão, ansiedade. Porém, muitas vezes, o fracasso em se adequar abre a possibilidade para novas formas de ser, e a sua aceitação pode nos levar a pensar em formas alternativas de ser para além dos *scripts* estabelecidos pelas normas hegemônicas.

Para Halberstam, então, o fracasso nos possibilita traçar rotas de fuga que nos ajudam a escapar das normas punitivas que "disciplinam o comportamento e administram o desenvolvimento humano com o objetivo de nos resgatar de uma infância indisciplinada, conduzindo-nos a uma fase adulta controlada e previsível".[36] E, se com frequência ele vem acompanhado de emoções negativas, "também proporciona a oportunidade de usar essas emoções negativas para espetar e fazer furos na positividade tóxica da vida contemporânea".[37]

Nesse sentido, posso dizer que meu processo de transição de gênero ocorreu após muitas tentativas fracassadas de procurar me adequar a um gênero imposto. Quando aceitei que minhas tentativas de ser homem fracassaram, pude buscar outros caminhos e formas de ser e me livrar também da culpa e de outros sentimentos negativos associados ao fracasso.

Halberstam segue, dessa maneira, a estratégia *queer* de ressignificar o que tem carga negativa ao dar outro sentido ao fracasso, ao mesmo tempo em que questiona as lógicas de sucesso que orientam a sociedade. Questionar as ideias de sucesso normativas, por sua vez, pode envolver um questionamento das ideias normativas de felicidade, intimamente ligadas a elas.

---

36. Ibid., p. 21.
37. Halberstam, 2020, p. 21.

Para Sara Ahmed, a ideia de felicidade está sempre ligada a ideias socialmente definidas sobre o que devemos perseguir para alcançá-la, que é algo projetado no futuro, como um objetivo que atingiremos se fizermos as "coisas certas". A promessa da felicidade atrelada ao cumprimento de certas condições transforma o futuro "em um objeto, em algo que pode ser declarado antes de sua chegada", e a felicidade em algo que se situa em uma futuridade.[38] Por ser baseada em normas sociais que definem o que é bom, essa ideia de felicidade adquire um caráter coletivo, ao mesmo tempo em que define os objetivos que um indivíduo deve almejar para atingi-la, de forma que pode ser entendida também como algo dado por "uma orientação compartilhada em direção àquilo que é bom".[39]

Aqui, começa a ficar clara a conexão entre a ideia de felicidade, de sucesso e do que é considerado bom. A projeção da felicidade e do sucesso no futuro e a sua conexão com as condições de reprodução da ordem social, por sua vez, ilustram como as ideias de sucesso e felicidade estão ligadas ao futurismo reprodutivo atacado por Edelman. Assim, por um lado, devemos almejar o sucesso profissional e o poder de consumo que mobilizam os fluxos de capital e fazem girar a roda do capitalismo. Por outro, devemos almejar a formação de uma família heterossexual que gerará novos trabalhadores e futuros pais e mães. O cumprimento desses requisitos reproduz a ordem social. A reprodução social se dá também pela transmissão de ideias de felicidade de uma geração a outra, frequentemente através da família.

Essa reprodução significa que a felicidade, no mais das vezes, tem um caráter compulsório, uma vez que os pais projetam nos filhos ideias de felicidade e ligam a própria felicidade (como pais) à trajetória dos filhos. Assim, alguns sujeitos são compelidos a ado-

---
38. Ahmed, 2010, p. 21, tradução minha.
39. Ibid., p. 56, tradução minha.

tar as causas de felicidade de outros, correndo o risco de serem culpabilizados pela infelicidade destes ao se recusarem a aceitar essas ideias e procurarem seguir outros caminhos. Como resultado, a obrigação dos filhos é "fazer os seus pais felizes e desempenhar esse dever alegremente, ao ser feliz e mostrar os sinais de ser feliz da maneira correta".[40] As ideias de felicidade são, também, disciplinadoras. Não é surpreendente que sujeitos *queers* sejam, muitas vezes, associados à infelicidade, ao serem retratados não apenas como aqueles que são incapazes de atingir a verdadeira felicidade, mas também como sujeitos que trazem infelicidade, vergonha e decepção para os pais e para os outros. Assim, a falta de alinhamento entre o desejo e a ordem social gera um conflito.

Ahmed explora essa conexão entre o alinhamento do desejo e as ideias normativas de felicidade através de duas figuras, além dos *queers*, mas que se relacionam a eles: a estraga-prazeres feminista (*feminist killjoy*, em inglês) e o revolucionário raivoso. Ela aponta como feministas têm sido habitualmente retratadas como pessoas mal-resolvidas, estraga-prazeres e sem senso de humor. A figura da feminista desprovida de senso de humor tem sido contrastada com figuras de mulheres bem-resolvidas e satisfeitas com suas vidas como esposas, mães e donas de casa. Nesse contraste, é notável também como feministas são retratadas como mulheres emasculadas e pouco femininas, enquanto as mulheres "bem-resolvidas" são retratadas como exemplos de feminilidade.

O que está presente no contraste entre essas figuras é a ideia de que a realização de uma mulher está em se enquadrar no que a ordem social espera dela, e, ao questionar essas expectativas e buscar outros caminhos, as feministas seriam mulheres infelizes e mal-resolvidas, que estragam o prazer dos outros e disseminam seu ressentimento e infelicidade.

---

40. Ahmed, 2010, p. 59, tradução minha.

Assim, as estraga-prazeres feministas seriam aquelas mulheres que "não depositam sua esperança de felicidade nas coisas certas, mas falam abertamente de sua infelicidade com a obrigação de se tornarem felizes com essas coisas".[41] Ao se recusar a ser feliz com o que a sociedade espera dela e expor a sua infelicidade, a feminista causa tumultos, distúrbios, advindo daí sua associação com a infelicidade, que é mobilizada na imagem da feminista estraga-prazeres. O conflito e tumulto gerados por feministas ao recusarem se alinhar com as ideias normativas de felicidade, também baseadas em normas de gênero, revelam muito sobre seu caráter compulsório. Se ao seguir outro caminho são vistas não apenas como infelizes, mas como quem traz infelicidade aos outros, elas revelam que o que é retratado como desejável é, na verdade, uma obrigação nem sempre desejável e que envolve as expectativas impostas por outros. Além disso, ao revelar que as coisas associadas à felicidade nem sempre são desejáveis, expõem o caráter arbitrário da ideia de felicidade e apontam para a existência de outros caminhos que podem ser preferíveis, caminhos que, às vezes, ameaçam a estabilidade da ordem social. Assim, o que a imagem das feministas faz ao retratá-las como estraga-prazeres é associar o ressentimento e a infelicidade com o questionamento da ordem social e mascarar o caráter compulsório dessa ordem, ele próprio responsável pela infelicidade de muitas pessoas. Podemos, então, entender a feminista como alguém que "estraga prazeres" ao expor as normas que compõem a ordem social e os efeitos negativos dessa ordem.

Em um exemplo apresentado por Ahmed, a caracterização de feministas como mal-humoradas emerge quando elas "estragam" um momento de socialização ao apontar o machismo em uma piada, em um comentário, em uma ação. Mesmo que estejam agindo em resposta a algo dito ou feito, são frequentemente

---

41. Ibid., p. 60, tradução minha.

culpadas por "começar a discussão". A feminista, portanto, "interrompe o fluxo suave da comunicação. Ela fica tensa. Ela faz as coisas ficarem tensas".[42]

Assim, "A violência do que foi dito ou a violência da provocação passa despercebida e a feminista é percebida como tendo 'causado a discussão' que está perturbando a fragilidade da paz".[43] A caracterização da feminista como perturbadora da paz mascara a violência da ordem social e a infelicidade causada por ela, ao mesmo tempo em que caracteriza quem denuncia essa violência como causadora de infelicidade.

Podemos pensar essa figura alinhada à do revolucionário raivoso. Para Ahmed, a consciência revolucionária pode ser pensada como uma consciência desalinhada com a sociedade. Nessa análise, ela faz referência ao pensador anticolonial Frantz Fanon, que afirma que os colonizados precisam compreender o mundo dos colonizadores como uma imposição e algo que lhes aliena, para daí se revoltarem contra esse mundo. Ahmed descreve a experiência de desalinhamento com a ordem social da seguinte forma: "Você se sente alienado do mundo como ele está dado: o mundo de bons hábitos e maneiras, que lhe promete conforto em troca da obediência e boa vontade".[44] O desejo do revolucionário por outras formas de viver e outras relações sociais se choca, então, com uma ordem social que não tem espaço para esse desejo, produzindo um sentimento de alienação em relação a essa ordem que o impulsiona a agir e a lutar por algo diferente do que está dado. Nesse sentido, há algo de afirmativo tanto na negação dessa ordem social pelo revolucionário quanto na negação das ideias de sucesso e felicidade por *queers* e feministas.

---

42. Ahmed, 2017, p. 37, tradução minha.
43. Id., 2010, p. 65, tradução minha.
44. Ahmed, 2010, p. 168, tradução minha.

Todas essas formas de negação têm como ponto de partida a afirmação de uma diferença inassimilável, cujo desejo não cabe nas expectativas e trajetórias dadas como desejáveis pela ordem social. A afirmação dessas formas de desejo se dá por meio da negação da ordem social que se coloca em seu caminho com suas restrições. E as subjetividades que se recusam à assimilação pelos ideais dados pela ordem social serão associadas, por sua vez, a uma negatividade que revela os próprios investimentos normativos dessa ordem: o fracasso, a infelicidade, o fim do futuro e a destruição da ordem social.

Voltamos, então, ao revolucionário, que assim como ativistas de forma mais geral, é frequentemente retratado como raivoso e ressentido. Essa raiva, por sua vez, é muitas vezes associada a uma disposição em cometer atos violentos em nome de um ideal. Dessa forma, a luta por futuros alternativos e por outras sociedades é associada a uma violência injustificável que deslegitima essa luta. Essa associação se torna clara quando é usada para deslegitimar qualquer forma de ação ou ativismo não domesticado que se recuse a se limitar às vias consideradas como formas legítimas de ação (política eleitoral, protestos "pacíficos" etc.). Mesmo ações relativamente moderadas, como o bloqueio de vias públicas durante um protesto, são usadas para deslegitimar ativistas radicais. Assim, o uso de estratégias consideradas violentas poria em questão a legitimidade da causa de quem as usa, tornando desnecessário qualquer tipo de engajamento mais sério com o que está sendo colocado ou denunciado por essas pessoas.

Mas Ahmed nos convida a questionar o que está por trás dessa caracterização de revolucionários como violentos quando combatem uma ordem social baseada em hierarquias extremamente violentas. Para ela, essa é uma forma de mascarar a violência na qual a ordem social se baseia e ao mesmo tempo deslegitimar quem a questiona. Se os revolucionários expõem a violência dessa sociedade, "a violência que eles expõem não é reconhecida como violência: violência estrutural é uma violência oculta".[45]

Dessa forma, se as feministas são caracterizadas como causadoras da infelicidade ao denunciar a opressão por trás dos ideais de felicidade da ordem social, os revolucionários são deslegitimados e caracterizados como violentos ao denunciarem a violência que mantém as hierarquias das quais ela depende e ao agirem contra ela em seus próprios termos. Assim como a associação entre os *queers* e o fracasso, essas associações buscam circunscrever os limites das formas aceitáveis de ser, de se relacionar e de agir politicamente, assimilando as diferenças e marginalizando o que não é assimilável ao atribuir a essas subjetividades um estigma que projeta nelas uma negatividade a ser evitada pelos "bons cidadãos".

Porém, a recusa dessa negatividade se torna uma armadilha, na medida em que despotencializa o caráter radical das mobilizações de quem é imbuído dessa negatividade. Isso é o que vemos quando ativistas *queers* e feministas, entre outros, procuram recusar a caracterização das suas mobilizações e reivindicações políticas como uma ameaça à ordem social. No caso de sujeitos *queers*, a armadilha se apresenta nas ideias de inclusão, que abrem a possibilidade de uma aceitação maior de sua diferença desde que se aproximem mais dos ideais de heteronormatividade e de sucesso, e sejam, desse modo, bons cidadãos investidos na manutenção dessa sociedade. Mesmo assim, como nos diz Ahmed, os arquivos *queers* estão "cheios de desejos mais perversos, de corpos que desejam 'da forma errada' e estão dispostos a desistir do acesso à boa vida para seguir seu desejo".[46] E esse desejo, como no caso de muitos *queers* radicais, podem ser até mesmo o desejo do fim dessa sociedade. Para ela, narrar a infelicidade

---

45. Ahmed, 2010, p. 170, tradução minha.
46. Ibid., p. 115, tradução minha.

daqueles que estão insatisfeitos com os ideais de felicidade e as expectativas sociais pode ser um ato afirmativo, pode ser "um gesto em direção a outro mundo, ainda que não nos seja dada uma visão do mundo que possa existir quando as muralhas da miséria forem derrubadas".[47]

Para Halberstam, formas alternativas de personificação do desejo são um componente importante na luta anticapitalista. Em sua visão, ao afirmar essas formas de personificação do desejo, as pessoas *queers* podem ser pensadas como "um conjunto de tecnologias de resistência que incluem coletividade e imaginação, e um tipo de compromisso situacionista que surpreende e choca".[48] O autor elabora como vidas *queers* rompem frequentemente a lógica de reprodução da ordem social ao rejeitar formas supostamente orgânicas de herança e família e explorar um "potencial para *diferença na forma* que permanece adormecida na coletividade queer, não como um atributo essencial da alteridade sexual, mas como possibilidade embutida na dissociação de narrativas de vidas heterossexuais".[49]

Assim, podemos pensar em uma *queericidade* que rompe com todo tipo de futurismo mantenedor da ordem social: rompe com o futurismo reprodutivo que se projeta na imagem da Criança; e rompe com as ideias de felicidade e sucesso que procuram determinar nossas trajetórias e nos ajustar aos imperativos da reprodução da sociedade, gerando uma série de fissuras que desestabilizam essa ordem social contra a qual ela se coloca. Ao fazer isso, a *queericidade* nega também todos os mandatos da identidade que procuram definir as subjetividades pelo seu en-

---

47. Ibid., p. 107, tradução minha.
48. Halberstam, 2020, p. 55.
49. Ibid., p. 108.

quadramento nas normas que sustentam esse mundo e, assim, nega todo tipo de essencialismo. Essa é a *queericidade* encarnada na ética *queer* que delimitei.

Esse movimento, porém, se dá primeiramente pela afirmação de uma diferença e de desejos inassimiláveis por essa ordem, que, ao se afirmarem coletivamente, desestabilizam as normas e instituições que a mantêm e negam a sua reprodução, enquanto criam espaços e caminhos que operam por outras lógicas. Se as subjetividades *queers* representam uma diferença inassimilável pela ordem social, que se afirma e rejeita essa ordem, as teorias *queers* nos fornecem ferramentas para desmontar as epistemologias e normas que a sustentam e que buscam enquadrar essas subjetividades em seus regimes identitários. Assim, podemos produzir epistemologias e processos de (de)subjetivação que nos levem a outras formas de viver.

A virada antissocial nas teorias *queers* pode, então, nos fornecer ferramentas para pensar uma negatividade que participa de um projeto afirmativo que nega a ordem social, porque nossos desejos não cabem neste mundo, e gera fissuras e rupturas pela afirmação desse desejo e de elaborações de novas formas de viver, agir e lutar coletivamente.

Mas, para isso, é preciso ir além da visão apresentada por autores como Edelman. Para Halberstam, a versão da negatividade *queer* elaborada por Edelman não apenas apresenta uma visão muito restrita, mas também um arquivo e uma gama de respostas afetivas muito limitados, que incluem a indiferença, o tédio e a ironia. Ele fala, então, de uma negatividade que pode ser encontrada em uma série de projetos, que vão do anticolonialismo ao punk, e que incluem outra dimensão afetiva, envolvendo "ira, grosseria, raiva, despeito, impaciência, intensidade, mania, sinceridade, seriedade, investimento excessivo, incivilidade, honestidade brutal e decepção".⁵⁰ Assim, se Edelman deriva uma negatividade de um arquivo gay e masculino, Halberstam pensa em uma virada antissocial cujos territórios incluem "A raiva da sapatão, a ira racial, a violência contra-hegemônica, o pugilismo punk".⁵¹

Mas Halberstam não foi o único a encontrar na negatividade punk algo que pode ser mobilizado para pensar uma *queericidade* radical. Para Maria Wiedlack, o punk *queer* feminista nos fornece um exemplo prático de mobilização *queer* e da negatividade para a criação de uma política interseccional e não essencialista mobilizada contra a ordem social. Em diálogo com autores associados à virada antissocial, como Eldeman, Halberstam e Munoz, e com músicos e ativistas punk, ela elabora essa conexão em seu livro *Queer feminist punk: An antisocial history*.

Trago essas reflexões para pensar no punk *queer* feminista não como paradigma de uma política *queer* antiassimilacionista, e sim como um exemplo prático com elementos que nos mostram como essa política pode e tem sido elaborada. Para Wiedlack, teorias *queers* radicais são "teorias que recusam e rejeitam a cumplicidade com culturas de consumo neoliberais e heteronormativas".⁵² Em sua compreensão, essas teorias se encontram tanto na academia como nas contraculturas. Ela entende a produção cultural associada ao punk *queer* feminista como uma elaboração de teorias *queer* radicais ligadas a práticas políticas desenvolvidas por diversos grupos. Para ela, a mobilização da negatividade por punks *queers* e feministas precede a virada antissocial das teorias *queer* acadêmicas e se alimenta também dessa virada quando ela se estabelece na academia.

Wiedlack afirma que, em suas diferentes manifestações, o punk *queer* e feminista mobilizou noções de gênero e sexualidade

---

50. Halbserstam, 2020, p. 160.
51. Ibid.
52. Wiedlack, 2015, p. 17.

críticas a qualquer noção de identidade estável, explicitamente direcionadas "contra as políticas de gênero e sexualidade nas comunidades gays e lésbicas, movimentos gays por direitos, grupos separatistas lésbicos autônomos e discursos mainstream".[53]

Essas manifestações do punk surgiram, então, como uma crítica à heteronormatividade e ao machismo da sociedade, de maneira geral, e da cultura punk, em particular, ao mesmo tempo em que se posicionaram contrariamente às manifestações essencialistas e/ou assimilacionistas do feminismo e ativismo lgbt+ e contra uma cultura lgbt+ cada vez mais consumista e conformista. Para Wiedlack, a *queericidade* no punk é negativa, sendo que a negatividade é um dos principais componentes do punk, presente na estética, na sonoridade, nas letras e nas atitudes e afetos por ele mobilizados. Muitas vezes interpretada como uma forma de niilismo, a negatividade punk opera a função de "irritar ou violar, ou ao menos ser uma crítica de sistemas normativos e sociedades hegemônicas".[54] Entre os punks mais politizados, essa negatividade frequentemente significa também uma "rejeição geral da política em qualquer sistema social ou político institucionalizado, organização estruturada de forma hierárquica, do Estado-nação".[55]

Aqui, vemos uma conexão com a crítica às políticas assimilacionistas e às instituições que mantêm a ordem social, presentes em grande parte das teorias *queers*, mas também com outro elemento que é uma forte influência no movimento punk mais amplamente e também se encontra presente no ativismo e produção teórica *queer* dentro e fora do punk: o anarquismo. Rejeitando o Estado, o capitalismo e a política institucional e combatendo diferentes hierarquias e formas de opressão, o anarquismo tem sido uma das principais forças antiassimilacionistas ao redor

---

53. Ibid., p. 51.
54. Wiedlack, 2015, p. 90.
55. Ibid., p. 52.

do mundo. Assim como grande parte das teorias e do ativismo *queer*, anarquistas têm favorecido uma análise interseccional das diferentes formas de opressão e identidade, adotando com frequência abordagens antiessencialistas.

Em vez de atuar através de representação e reivindicações, o foco do anarquismo é a elaboração de uma política autônoma que se dá através da solidariedade e da ação direta, ou seja: da ação não mediada pela representação e pelas instituições. Assim, o anarquismo combina uma negatividade que rejeita a ordem social com um processo de construção coletiva que visa ao estabelecimento de novas relações e formas de vida e ao aumento da capacidade de agir individual e coletivamente.

Para Wiedlack, o anarquismo tem uma afinidade com o punk por apresentar uma noção de teoria que é inseparável da ação e por sua rejeição da ordem social hegemônica. Essa conexão pode ser observada na compreensão política dos punks *queers* e feministas e na abordagem "faça-você-mesmo", focada no ativismo desses punks. Punks *queers* e feministas, em suas letras e produções culturais, como zines e revistas, têm criticado as diferentes formas de normatividade e de opressão, desde normas e formas de poder internalizados até instituições estatais e capitalistas que reproduzem a violência e a exploração. Assim, estabelecem com frequência uma conexão entre o pensamento e a política *queer*, feminista e anarquista e a negatividade punk.

Aqui, podemos pensar em um elemento importante de negatividade no punk *queer* feminista que opera no mesmo sentido da negação anarquista da ordem social. Para os punks *queers* e feministas, a negatividade é politicamente produtiva, pois busca desconstruir a heteronormatividade e outros sistemas de opressão e ao mesmo tempo estabelecer "uma esfera *queer* social que difere da heteronormatividade, racismo e capacitismo em seus significados e estruturas de poder".[56] Dessa forma, a negatividade punk, em seu caráter agressivo e antissocial, não visa apenas a uma rejeição do que está estabelecido, mas à criação de laços sociais alternativos que constituem o que chamo aqui de um comunitarismo punk.

A noção de comunidade é, por vezes, mobilizada por esses punks como uma forma de se distanciar de noções como a de "cena", termo associado a uma ideia de estilo de vida pouco politizado, ou "subcultura", termo que implica uma subjugação em relação à cultura dominante.[57] Já o comunitarismo punk procura criar laços a partir dos quais é possível elaborar uma política antiassimilacionista, e é na criação desses laços que Wiedlack vê o maior ganho político das manifestações do punk.

Assim, "uma coalizão através da negatividade queer pode criar uma percepção comunitária das opressões estruturais multidimensionais e encorajar as pessoas a ocasionalmente resistir à sua participação nelas e agir contra o poder hegemônico".[58] A análise de Wiedlack do punk *queer* feminista nos mostra como a negatividade pode se manifestar na prática, em um projeto político que nega a ordem social e as suas relações, para construir outros laços e relações, e resistir a essa ordem. Para ela, o sentido positivo da negatividade punk é mais produtivo politicamente do que versões das teorias *queer* antissociais como a de Edelman, que rejeita qualquer tipo de investimento em uma construção positiva.

Rejeitando explicitamente toda e qualquer forma de política, não imagino que Edelman estaria particularmente interessado em quão produtiva a negatividade *queer* pode ser para a mobilização de projetos políticos. Mas poderíamos também afirmar, a partir da noção feminista de que o pessoal é político, que a dimensão

---

56. Wiedlack, 2015, p. 166.
57. Ibid., p. 136.
58. Ibid., p. 123.

política é inescapável, que a visão de Edelman da política é muito restrita e que a rejeição do que ele entende por política é ela mesma uma posição política.

Mesmo assim, acredito que o mais importante é estabelecer como a negatividade manifestada nos processos de desconstrução e rejeição podem fazer parte de um processo afirmativo e desconstruir/desarticular laços, normas e relações justamente para possibilitar a abertura de outros caminhos e alternativas. Para além disso, procurei demonstrar, através do engajamento com a virada antissocial nas teorias *queer*, a importância da negatividade em manter o caráter antiassimilacionista das teorias e mobilizações *queers*.

É preciso, então, partir da compreensão de que, se estamos inseridos em relações de poder que nos governam de forma sofisticada tanto através de instituições estatais e capitalistas quanto de normas que operam de forma descentralizada e que visam nos capturar e policiar através de processos de subjetivação, qualquer projeto afirmativo corre o risco de ser assimilado na ordem social caso não esteja acompanhado de uma negatividade que rejeite essa ordem em sua totalidade, desconstrua seus pressupostos e nos permita abrir outros caminhos. Dessa forma a negatividade construída pelos autores associados à "virada antissocial" pode ser mobilizada para a elaboração de uma política *queer* antiassimilacionista e de como essa política pode se manifestar na prática. De maneira mais geral, neste último capítulo, procurei estabelecer também a importância do aspecto antiassimilacionista da ética *queer* para manter o caráter radical de suas teorias e mobilizações.

Assim, a desconstrução de normas e identidades operada pelas teorias *queers*, que lhes dão o seu caráter antiessencialista, adquirem seu valor precisamente na medida em que são capazes de possibilitar a elaboração de novas formas de ser, viver e lutar que, ao se afirmarem, negam as demandas de reprodução da ordem social colonial-capitalista e lutam pelo seu fim.

Considerações finais

Ao longo deste livro, procurei estabelecer princípios éticos mobilizados na elaboração da produção teórica e nas mobilizações *queer* e, assim, esboçar uma ética *queer* através de uma análise do contexto que levou à construção das teorias *queer* e de sua produção em diferentes momentos e em diversas ramificações, em diálogo com questões enfrentadas por subjetividades e provocações *queer*, levando em consideração as implicações práticas dessa teorização.

As teorias *queers* compõem uma crítica a noções essencialistas de identidade e às normas e epistemologias que produzem identidades e categorias (especialmente de gênero e sexualidade) que organizam a vida social, possibilitando sua desconstrução e abrindo espaço para outros processos de (de)subjetivação e relações. Elas se originam de discussões travadas por parte da militância feminista e das dissidências de sexo-gênero e da produção teórica acadêmica e não acadêmica desses grupos que emergiu a partir delas.

Na ética *queer*, é possível encontrar uma forma não prescritiva, não fundacionista e antinormativa, realizando-se em um processo de construção e experimentação constante (assim como as subjetividades e coalizões *queer*) e tomando a posição das subjetividades *queer* em relação às normas sociais para assumir um compromisso antiassimilacionista.

Os componentes dessa ética são fundamentais para manter o potencial radical e o compromisso com as lutas e mobilizações de diferentes subjetividades *queer* dessa produção teórica, em sua trajetória pelo mundo e nos diálogos com diversas perspectivas, subjetividades e mobilizações e apropriações por parte dos *queers* em luta.

O caráter antiessencialista e não teleológico da ética *queer* favorece tais intervenções e apropriações, transformando a própria produção *queer* acadêmica à medida que ela transita, intervém nos diferentes contextos e é mobilizada por subjetividades diversas. Por outro lado, o caráter antiassimilacionista da ética *queer* é fundamental para evitar o esvaziamento do caráter radical da produção teórica e da política *queer*.

Para isso, acredito que é preciso radicalizar a distinção entre a política lgbt+ assimilacionista e a política *queer*, que tem objetivos diferentes. Na prática, isso envolve a elaboração de estratégias e formas de organização que priorizem o protagonismo dos grupos mais afetados pelas questões em jogo, favoreçam pela ação direta e evitem as armadilhas do assimilacionismo.

Ainda assim, nem toda a produção teórica *queer* ou ativismo que mobiliza esse termo encarna essa ética que elaborei. Seu aspecto antiassimilacionista, particularmente, está ausente em grande parte da produção teórica e ativismo *queer* – o que considero uma grande perda –, embora esteja muito vivo em alguns cantos, como na produção teórica e no ativismo de anarquistas *queer*. Por outro lado, o termo também passou a ser usado para englobar as diferentes identidades que fogem da cis-heteronormatividade de forma desvinculada de qualquer crítica a noções essencialistas de identidade – sem falar na apropriação do termo pelo mercado. Nesse sentido, o termo *queer* perdeu em grande parte a sua radicalidade original e se tornou, em muitos casos, vazio e inofensivo – algo que autores *queer* não cansam de apontar.

Apesar disso, a ética que esbocei permanece viva em parte das teorias e das lutas *queer*, e é justamente onde ela está presente que o *queer* se manifesta em toda a sua potência. Que essa potência transformadora não se esvazie, mas se intensifique e permaneça viva em nossas vidas e lutas.

Referências

AGAMBEM, G. *A comunidade que vem*, trad. bras. António Guerreiro. Lisboa: Editorial Presença, 2009.

AHMED, S. *The promise of happiness*. Durham; Londres: Duke University Press, 2010.

ALCOFF, L. "Cultural feminism versus post-structuralism: the identity crisis in feminist theory". *Signs: Journal of Women in Culture and Society*. Chicago, v. 13, n. 3, pp. 405-436, 1988. Disponível online.

ANIBAL, Q. "Colonialidade do poder e classificação social" in SANTOS, B; MENESES, M. (orgs.). *Epistemologias do sul*. Coimbra: Edições Almedina, 2009, pp. 72-114.

ANZALDÚA, G. "La conciencia de la mestiza/rumo a uma nova consciência". *Estudos Feministas*, Florianópolis, v. 13, pp. 704-719, set./out. 2005.

BAGAGLI, B. "A diferença trans no gênero para além da patologização". *Revista Periódicus*, Salvador, v. 1, n. 5, pp. 87-100, mai./out. 2006. Disponível online.

BARBOSA, M. "Um corpo que experimenta e avalia: a ética em Deleuze à luz da 'Grande identidade' Spinoza Nietzsche". *Revista Kriterion*, Belo Horizonte, v. 59, n. 141, pp. 867-890, dez. 2017. Disponível online.

BENTO, B. *A reinvenção do corpo*: sexualidade e gênero na experiência transexual. Salvador: Devires, 2019.

_____. "Necrobiopoder: Quem pode habitar o Estado-nação?" *Cadernos Pagu* (on-line), n. 53, e185305, set. 2018. Disponível online.

_____. *O que é a transexualidade*. São Paulo: Brasiliense, 2012.

_____. "O que pode uma teoria? Estudos transviados e a despatologização das identidades trans". *Revista Florestan*, São Carlos, n. 2, pp. 46-66, nov. 2014. Disponível online.

BERKINS, L. *Travestis*: uma identidade política. Hemispheric Institute, 2007. Disponível online.

_____. "Un itinerario político del travestismo" in MAFFÍA, D. (org.). *Sexualidades migrantes*: género y transgénero. Buenos Aires: Feminaria, 2003, pp. 61-68.

BERNINI, L. *Queer apocalypses*: Elements of antisocial theory, trad. Julia Heim. Cham: Springer International Publishing, 2017.

_____. *Queer Theories*: An introduction. From Mario Mieli to the Antisocial Turn, trad. Michela Baldo e Elena Basile. Abringdon; Nova York: Routledge, 2021.

BOURCIER, S. *Homo Inc.orporated*: o triângulo e o unicórnio que peida, trad. bras. Marcia Bechara. São Paulo: n-1 Edições; Crocodilo Edições, 2020.

BUTLER, J. *Undoing gender*. Nova York: Routledge, 2004.

_____. *Bodies that matter*: on the discursive limits of "sex". Londres; Nova York: Routledge, 2011.

_____. *Problemas de gênero*: feminismo e subversão da identidade, trad. bras. Renato Aguiar. Rio de Janeiro: Civilização Brasileira, 2018.

COHEN, C. "Punks, bulldaggers and welfare queens: the radical potential of *queer* politics?" in JOHNSON, E.; HENDERSON, M. (orgs.). *Black Queer Studies*: a critical anthology. Durham; Londres: Duke University Press, 2005, pp. 21-51.

COLLING, L. "Fracasso, utopia *queer* ou resistência? Chaves de leitura para pensar as artes das dissidências sexuais e de gênero no Brasil". *Conceição/Conception* (on-line), v. 10, pp. 1-22, ago. 2021. Disponível online.

_____. *Que os outros sejam o normal*: tensões entre o movimento LGBT e o ativismo *queer*. Salvador: Editora da Universidade Federal da Bahia, 2015a. Disponível online.

_____. "Quatro dicas preliminares para transar a genealogia do *queer* no Brasil" in BENTO, B.; SAEZ, J.; FÉLIX, V. (orgs.). *Desfazendo gênero*: subjetividade, cidadania e transfeminismo. Natal: EDUFRN, 2015b, pp. 223-241.

CURIEL, O. "Crítica poscolonial desde las prácticas políticas del feminismo antirracista". *Nómadas*, Bogotá, n. 26, pp. 92-101, 2007. Disponível online.

DELEUZE, G. *Spinoza*: practical philosophy, trad. Robert Hurley. São Franciso: City Light Books, 1988.

EDELMAN, L. *No future*: Queer theory and the death drive. Durham; Londres: Duke University Press, 2004.

ELLIOT, P. *Debates in transgender, queer and feminist theory*: contested sites. Farnham: Ashgate Publishing Limited, 2010.

FERGUSON, R. "Race-in normativity: citizenship, sociology and gay identity" in JOHNSON, E.; HENDERSON, M. (orgs.). *Black Queer Studies*: a critical anthology. Durham; Londres: Duke University Press, 2005, pp. 52-67.

———. *Aberrations in black*: towards a *queer* of color critique. Mineápolis: University of Minnesota Press, 2004.

FOUCAULT, M. "O uso dos prazeres e as técnicas de si", trad. bras. Vera Lucia Avellar Ribeiro in DE BARROS, M. (org.). *Foucault*: ditos e escritos, v. V: ética sexualidade, política. Rio de Janeiro: Forense Editora, 2012b.

———. "Sexualidade e poder", trad. bras. Vera Lucia Avellar Ribeiro in DE BARROS, M. (org.). *Foucault*: ditos e escritos, v. V: ética sexualidade, política. Rio de Janeiro: Forense, 2012a.

———. *The history of sexuality volume I*: an introduction, trad. Robert Hurley. Nova York: Pantheon Books. 1978.

GARCIA, D. "Teoria queer: reflexiones sobre sexo, sexualidade e identidad hacia una politizacion de la sexualidad" in CORDOBA, D.; SAEZ, J.; VIDARTE, P. (orgs.). *Teoria queer*: políticas bolleras, maricas, trans, mestizas. Madri: Editorial Egales, 2007, pp. 21-66.

GROSFOGUEL, R. "Descolonizar as esquerdas ocidentalizadas: para além das esquerdas eurocêntricas rumo a uma esquerda transmoderna descolonial". *Contemporânea* – Revista de Sociologia da UFSCAR, São Carlos, v. 2, n. 2, pp. 337-362, jul./dez. 2012.

———. "Racismo/sexismo epistémico, universidades occidentalizadas y los cuatro genocidios/epistemicidios del largo siglo XVI". *Tabula Rasa*, Bogotá, n. 19, pp. 31-58, jul./dec. 2013. Disponível online.

HALBERSTAM, J. *A arte queer do fracasso*. Santo Amaro: Cepe, 2020.

———. *In a queer time and place*: transgender bodies, subcultural lives. Nova York; Londres: New York University Press, 2005.

———. *Trans**: a quick and quirky account of gender variability. Oakland: University of California Press, 2018.

HALPERIN, D. *Saint Foucault*: Towards a Gay Hagiography. Nova York: Oxford University Press, 1995.

HINES, S. "What's the difference? Bringing particularity to *queer* studies of transgender". *Journal of Gender Studies*, v. 15, ago. 2006. Disponível online.

HUFFER, L. *Are the lips a grave?* A *queer* feminist on the ethics of sex. Nova York: Columbia University Press, 2013.

JAGOSE, A. *Queer Theory*: an introduction. Melbourne: Melbourne University Press, 1996.

LAMOS, C. "The ethics of *queer* theory" in RAINSFORD, D.; WOODS, T. (orgs.). *Critical ethics*: text, theory and responsibility. Londres: McMillan Press, 1999, pp. 141-151.

LEAL, A. *Ex/Orbitâncias*: os caminhos da deserção de gênero. São Paulo: GLAC Edições, 2021.

LEOPOLDO, R. *Cartografia do pensamento queer*. Salvador: Devires, 2020.

LLOYD, M. *Beyond Identity politics*: feminism, power and politics. Londres: Sage Publications Ltd, 2005.

LUGONES, M. "The coloniality of gender", in *Center for Global Studies & The Humanities*, spring 2008. Disponível online.

MACÍAS, B. *Fúria de género*: el transfeminismo como práctica política de lucha integradora. El desafío trans. Orientador: Meri Torras. 2013. 103 f. Dissertação (Mestrado) – Curso de Estudos de Mulheres, Género e Cidadania, Instituto Interuniversitario de Estudios de Mujeres y Género, 2013. Disponível online.

MARIANO, M. *Cartografia de Judith Butler e dos estudos queer no Brasil*. Orientador: Berenice Bento. 2021. 284 f. Tese (Doutorado) – Programa de Pós-Graduação em Ciências Sociais, Centro de Ciências Humanas, Letras e Artes, Universidade Federal do Rio Grande do Norte, Natal, 2021. Disponível online.

MARINUCCI, M. *Feminism is queer*. The intimate connection between *queer* and feminist theory. Londres; Nova York: Zed Books, 2010.

MARY NARDINIGANG & A GANG OF CRIMINAL QUEERS. "Rumo à mais *queer* das insurreições" in *Bash Back – Ultra violência queer*. São Paulo: n-1 Edições; Clara Crocodilo Edições, 2020, p. 28

MCCANN, H; MONAGHAN, W. *Queer Theory Now*: from foundations to futures. Londres: Red Globe Press, 2020.

MOMBAÇA, J. A plantação cognitiva. *Afterall Masp*, 2020. Disponível online.

_____. "Para desaprender o *queer* dos trópicos: desmontando a caravela *queer*". SSEX BBOX, 08/2016. Disponível online.

_____. *Não vão nos matar agora*. Rio de Janeiro: Cobogó, 2021.

NICHOLAS, L. *Queer post-gender ethics*: the shape of selves to come. Houndmills: Palgrave McMillan, 2014.

OYĚWÙMÍ, O. "Conceituando o gênero: os fundamentos eurocêntricos dos conceitos feministas e o desafio das epistemologias africanas". *Codesria Gender Series*, v. 1, pp. 1-8, 2004. Disponível online.

PELÚCIO, L. "Traduções e torções ou o que se quer dizer quando dizemos *queer* no Brasil?" *Revista Periódicus*, Salvador, v. 1, pp. 68-91, set. 2014. Disponível online.

PEREIRA, P. "Queer decolonial: quando as teorias viajam". *Contemporânea – Revista de Sociologia da UFSCAR*, São Carlos, v, 5, pp. 411-437, jul./dez. 2015.

_____. *Queer in the tropics:* gender and sexuality in the global south. Cham, Switzerland: Springer, 2019. Springer Briefs in Sociology.

PERRA, H. "Interpretações imundas de como a teoria queer coloniza nosso contexto sudaca, pobre de aspirações e terceiro-mundista, perturbando com novas construções de gênero aos humanos encantados com a heteronorma". *Revista Periódicus*, Salvador, v. 1, n. 2, pp. 291-298, nov. / abr. 2015. Disponível online.

PERREAU, B. *Queer theory:* the French response. Stanford: Standord University Press, 2016.

PHELAN, S. *Getting specific:* postmodern lesbian politics. Mineápolis: University of Minnesota Press, 1994.

POCAHY, F. "(micro)políticas queer: dissidências em pesquisa". *Revista Textura*, Canoas, v. 18, n. 38, pp. 8-25, set./dez. 2016. Disponível online.

PRECIADO, P. *Manifesto contrassexual:* práticas subversivas de identidade sexual, trad. bras. Maria Paula Gurgel Ribeiro. São Paulo: n-1 edições, 2004.

_____. "Multidões queer: nota para uma política dos 'anormais' ". *Revista Estudos Feministas*, Florianópolis, v. 19, n. 1, pp. 11-20, jan./abr. 2011. Disponível online.

_____. "Transfeminismo no regime farmacopornográfico", trad. Thiago Coacci. *Sexuality Policy Watch*, 2014. Disponível online.

_____. *Testo Junkie:* sexo, drogas e biopolítica na era farmacopornográfica, trad. bras. Maria Paula Gurgel Ribeiro. São Paulo: n-1 Edições, 2018.

PUAR, J. *Terrorist assemblages:* homonationalism in *queer* times. Durham; Londres: Duke University Press, 2017.

QUIJANO, A. "Colonialidade do poder e classificação social" in SANTOS, B.; MENESES, M. (orgs). *Epistemologias do sul.* Coimbra: Edições Almedina, 2009, pp. 73-114.

REA, C.; AMANCIO, I. "Descolonizar a sexualidade: teoria queer of colour e trânsitos para o sul". *Cadernos Pagu* (on-line), v. 53, :e185315, set. 2018. Disponível online.

_____. "Pensamento lésbico e a formação da crítica queer of color". *Cadernos de Gênero e Diversidade*, Salvador, v. 4, n. 2, pp. 117-133, jun. 2018. Disponível online.

RESTREPO, E; ROJAS, A. *Inflexión decolonial*: fuentes, conceptos y questionamentos. Popayan: Editorial Universidad del Cauca, 2010.

RUBIN, G. "Thinking sex: notes for a radical theory of the politics of sexuality" in *Deviations*: a Gayle Rubin Reader. Durham; Londres: Duke University Press, 2011.

RUTI, M. *The ethics of opting out*: Queer theory's defiant subjects. Nova York: Columbia University Press, 2017.

SAEZ, J. "El contexto sociopolitico de surgimento de la teoria queer. De la crisis del sida a Foucault" in CORDOBA, D.; SAEZ, J.; VIDARTE, P. *Teoria queer*: políticas bolleras, maricas, trans, mestizas. Madri: Editorial Egales, 2007, pp. 67-76.

SALIH, S. *Judith Butler e a teoria Queer*, trad. bras. Guacira Lopes Louro. Belo Horizonte: Autêntica, 2012.

SEDGWICK, K. *Epistemology of the closet*. Berkley. Los Angeles: University of California Press, 1990.

SEIDMAN, S. "Identity and politics in a 'postmodern gay culture': some historical and conceptual notes" in WARNER, M. (org.). *Fear of a queer planet*: queer politics and social theory. Mineápolis: University of Minnesota Press, 1993, pp. 105-142.

SHOCK, S. "Reivindico o meu direito a ser um monstro". *Vaginamente*, 2016. Disponível online.

SPADE, D. *Normal life*: administrative violence, critical trans politics and the limits of law. Durham; Londres: Duke University Press, 2015.

SPARGO, T. *Foucault e a teoria queer*: seguido de ágape e êxtase, trad. bras. Heci Regina Candiani. Belo Horizonte: Autêntica, 2017.

STOLER, A. *Race and the education of desire*: Foucault's history of sexuality and the colonial order of things. Durham; Londres: Duke University Press, 1995.

STRIKER, S. "Saberes (des) sujeitados: uma introdução aos estudos transgênero", trad. bras. Luiza Ferreira Lima. *Revista Ponto Urbe* (on-line), n. 28, jan./jul. 2021 Disponível online.

SULLIVAN, N. *A critical introduction to queer theory*. Nova York: New York University Press, 2003.

TIQQUN. *Isto não é um programa*. São Paulo: n-1 Edições, 2014.

TRÓI, M. "Alianças monstruosas e desejantes contra o sequestro da política pela esfera estatal". *Revista Periódicus*, Salvador, v. 1, n. 1, pp. 5-28, mai./out. 2019. Disponível online.

VACAREZZA, N. "Judith Butler en Argentina. Recepción y polémicas en torno de la teoría de performatividad del género". *Revista Estudos Feministas*, Florianópolis, v. 25, n. 3, set./dez. 2017. Disponível online.

VERGUEIRO, V. *Por inflexões decoloniais de corpos e identidades de gênero inconformes*: uma análise autoetnográfica da cisgeneridade como normatividade. Orientador: Djalma Thürler. 2015. 243 f. Dissertação (Mestrado) – Curso de Mestrado Multidisciplinar de Pós-graduação em Cultura e Sociedade, Instituto de Humanidades, Artes e Ciências, Universidade Federal da Bahia, Salvador, 2015. Disponível online.

WIEDLACK, M. *Queer-feminist punk*: An anti-social history. Viena: Zaglossus e. U, 2015.

ZIGA, I. *Devir cachorra*, trad. bras. Beatriz Regina Guimarães Barboza. São Paulo: n-1 Edições, 2021.

Dados Internacionais de Catalogação na Publicação (CIP) de acordo com ISBD

A485p   Amaral, Luisa

          Por uma ética queer / Luisa Amaral. – São Paulo : n-1 edições, 2023.
          234 p. : il. ; 14cm x 21cm.

          ISBN: 978-65-81097-73-8

          1. Ética. I. Título.

2023-1967   CDD 170
                                                                   CDU 17

Elaborado por Vagner Rodolfo da Silva – CRB-8/9410

Índice para catálogo sistemático:

    1. Ética 170
    2. Ética 17

n-1

O livro como imagem do mundo é de toda maneira uma ideia insípida. Na verdade não basta dizer Viva o múltiplo, grito de resto difícil de emitir. Nenhuma habilidade tipográfica, lexical ou mesmo sintática será suficiente para fazê-lo ouvir. É preciso fazer o múltiplo, não acrescentando sempre uma dimensão superior, mas, ao contrário, da maneira mais simples, com força de sobriedade, no nível das dimensões de que se dispõe, sempre n-1 (é somente assim que o uno faz parte do múltiplo, estando sempre subtraído dele). Subtrair o único da multiplicidade a ser constituída; escrever a n-1.

Gilles Deleuze e Félix Guattari

n-1edicoes.org

v. 3092509